Retórica

Dados Internacionais de Catalogação na Publicação (CIP)
(Câmara Brasileira do Livro, SP, Brasil)

Aristóteles
 Retórica / Aristóteles ; tradução de Vinicius Chichurra. – Petrópolis, RJ : Vozes, 2022. – (Vozes de Bolso)

 ISBN 978-65-5713-428-3

 1. Aristóteles – Retórica 2. Filosofia antiga I. Título. II. Série.

21-94481   CDD-185

Índices para catálogo sistemático:
1. Retórica : Filosofia aristotélica   185

Cibele Maria Dias – Bibliotecária – CRB-8/9427

Aristóteles

Retórica

Tradução de Vinicius Chichurra

Vozes de Bolso

Tradução realizada a partir do original em grego intitulado Τέχνη ρητορική, conforme a edição de John Henry Freese (Universidade de Cambridge, 1926).

© desta tradução:
2022, Editora Vozes Ltda.
Rua Frei Luís, 100
25689-900 Petrópolis, RJ
www.vozes.com.br
Brasil

Todos os direitos reservados. Nenhuma parte desta obra poderá ser reproduzida ou transmitida por qualquer forma e/ou quaisquer meios (eletrônico ou mecânico, incluindo fotocópia e gravação) ou arquivada em qualquer sistema ou banco de dados sem permissão escrita da editora.

CONSELHO EDITORIAL

Diretor
Gilberto Gonçalves Garcia

Editores
Aline dos Santos Carneiro
Edrian Josué Pasini
Marilac Loraine Oleniki
Welder Lancieri Marchini

Conselheiros
Francisco Morás
Ludovico Garmus
Teobaldo Heidemann
Volney J. Berkenbrock

Secretário executivo
Leonardo A.R.T. dos Santos

Editoração: Elaine Mayworm
Diagramação: Daniela Alessandra Eid
Revisão gráfica: Nilton Braz da Rocha
Capa: Ygor Moretti

ISBN 978-65-5713-428-3

Este livro foi composto e impresso pela Editora Vozes Ltda.

Sumário

Livro I, 7

Livro II, 82

Livro III, 164

Notas, 220

Livro I

1

A retórica é correspondente à dialética, pois ambas, de certa maneira, são comuns ao conhecimento de todos e não correspondem a nenhum tipo de ciência em particular; eis por que, de certo modo, todos os homens possuem uma parte de ambas; já que, até certo ponto, todos discutem para confrontar e sustentar um argumento, como também para se defender e acusar.

[2] Certamente, a maioria das pessoas faz isso ao acaso ou simplesmente pela força do hábito. Já que é possível de duas maneiras, é evidente que elas possam ser feitas metodicamente; pois é possível observar a causa dos que conseguem pela prática e dos que conseguem de forma natural; assim, por esse motivo, todos reconheceriam que isso é a função de uma arte.

[3] Até o momento, os que reuniram as técnicas da retórica forneceram uma parte insignificante, diga-se de passagem, dela (pois as provas fazem parte do domínio dessa arte, tudo o mais é apenas um acréscimo). Nada falam sobre os entimemas[1], que são justamente os fundamentos das provas, mas dão-se ao trabalho por coisas fora do assunto o mais longamente possível, [4] porque a desavença, a piedade, a raiva e esses tipos de sentimentos que afetam a alma não cabem a esse assunto, mas

sim somente ao dicasta. Da mesma forma que, se agora todos os julgamentos fossem realizados precisamente da mesma maneira que em algumas *pólis*, sobretudo nas governadas por boas leis, [os retóricos] não teriam o que falar, [5] pois todos os homens, sem exceção, ou pensam ser necessário impor as leis dessa maneira, ou delas tiram proveito, proibindo que sejam faladas fora do assunto, como no tribunal do Areópago, e isso fazem corretamente; pois não há necessidade de corromper o dicasta, incitando-o à raiva, inveja ou piedade. O que seria o mesmo que tornar tortuosa uma regra que se pretende decretar.

[6] Além disso, é evidente que a única função dos participantes de um processo é sustentar, em relação ao que mostram, se é real ou não, se aconteceu ou não, se é importante ou não, justo ou injusto, e, caso o legislador não tenha se pronunciado, é preciso que o próprio dicasta julgue e que não seja instruído por parte dos participantes.

[7] Muito certamente convém às próprias leis, que estão completamente instituídas, delimitar os empecilhos de todas as coisas, tanto quanto possível, e deixar o mínimo às custas dos juízes. Primeiro, porque é mais fácil encontrar um ou poucos homens sensatos, capazes de formular leis e julgar, do que muitos; e, segundo, enquanto o código de leis é o resultado de uma longa preparação, os julgamentos acontecem repentinamente, de modo que é difícil para os juízes decidirem merecidamente questões de justiça ou de interesse. O mais importante de tudo é que o julgamento do legislador não seja parcial, mas sim que seja aplicado no futuro e de maneira geral, enquanto o membro da assembleia pública e o dicasta julguem os problemas atuais e de modo separado; pois não somente o amor, mas ainda o ódio e o interesse pessoal estão frequentemente ligados a eles, de modo que não são mais capazes de

discernir a verdade de maneira suficiente, acabando por obscurecer o julgamento por conta de seu próprio prazer ou dor. [8] Todos os outros casos, como acabamos de dizer, devem ser deixados ao poder do juiz o mínimo possível, exceto quando se trata de uma questão de ter acontecido ou não, se vai acontecer ou não, de ser ou não ser. Essas coisas devem ser deixadas ao critério dos juízes, pois é impossível ao legislador prever tais questões.

[9] Se assim for, aqueles que definem como deve ser a natureza do proêmio ou da narração, ou ainda das demais partes do discurso, evidentemente estão ditando coisas fora do assunto como regra dessa arte; pois eles não se dão ao trabalho de nada, a não ser colocar o juiz em certo estado de espírito; não mostram nenhuma prova que esteja conforme as regras da arte, e isso é o motivo pelo qual alguém se torna hábil no uso de entimemas. [10] Portanto, mesmo que o método dos discursos retóricos deliberativos e judiciários seja o mesmo, e embora a retórica deliberativa seja uma aplicação mais nobre e democrática do que aquela própria de negociações entre cidadãos privados, eles nada falam. A respeito da oratória judiciária, todos se esforçam para decretá-la como regra da arte retórica, pois o propósito de falar em público algo fora do assunto é considerado inferior e a oratória deliberativa é mais traiçoeira, por ser de interesse mais geral. É que, na assembleia, o juiz decide sobre o que lhe é favorável, de modo que a única coisa necessária é provar a veracidade do que recomenda o conselheiro; mas nos tribunais isso não é o suficiente, haja vista que o propósito é prender o ouvinte; pois a decisão diz respeito a outros interesses além dos interesses dos juízes, que, tendo apenas a si mesmos para considerar e ouvir para seu próprio benefício, rendem-se às vontades dos litigantes, mas não decidem como

devem; eis por que, como já dissemos antes, a lei proíbe falar algo fora do assunto nos tribunais, enquanto na assembleia os próprios juízes tomam as devidas precauções contra isso.

[11] Então, é óbvio que um método organizado de acordo com as regras da arte se preocupa apenas com as provas; isto porque a prova é uma espécie de demonstração, já que acreditamos mais quando supomos que algo tenha sido demonstrado. Essa demonstração é um entimema da retórica, e este, falando de modo simples, é a mais potente das provas. Esse entimema é uma espécie de silogismo[2]. Ver todo tipo de silogismo de maneira semelhante é função da dialética como um todo, ou parte dela; evidentemente, quem é capaz de observar isso melhor, assim como as formas de um silogismo, será o melhor em formular um entimema, se a isso ele adicionar um conhecimento dos assuntos com os quais os entimemas lidam e as diferenças entre eles e os silogismos lógicos. De fato, a verdade e o que se assemelha a ela são vistos na mesma potência; ao mesmo tempo, os homens têm vocação suficiente para a verdade e, na maioria dos casos, a alcançam; eis por que aquele que se direciona para a verdade hipoteticamente também conduzirá para aquilo que é necessariamente verdadeiro na opinião de todos.

É claro, então, que todos os outros retóricos colocam sob as regras da arte o que está fora do assunto, e por isso inclinam-se para o discurso judiciário da oratória. [12] No entanto, a retórica é útil porque o verdadeiro e o justo são naturalmente superiores aos seus opostos, de modo que, se as decisões são tomadas indevidamente, devem sua derrota aos seus próprios defensores, e isso é merecedor de repreensão. Além disso, ao lidar com certas pessoas, mesmo que possuíssemos o conhecimento científico mais preciso, não deveríamos achar fácil persuadi-las pelo emprego de tal conhecimento. Pois o discurso científico se preocupa com a explicação, mas isso é impossível; é necessário apoiar as provas e os discursos em opiniões comuns, como dissemos nos *Tópicos*[3], quando falamos sobre conversar com a multidão. Ademais, é preciso ser capaz de convencer o lado oposto, do mesmo modo que nos silogismos; não que devamos fazer as duas coisas (pois não se deve persuadir alguém a cometer atos inadequados), mas para que não nos escape a situação real do caso e que nós mesmos possamos precipitar argumentos falsos se alguém fizer um uso injusto deles.

Somente a dialética e a retórica fazem isso, pois ambas são semelhantes em seus opostos. Em todo caso, não é parecido com a situação atual; mas, falando de forma geral, sempre o que é verdadeiro e melhor é naturalmente mais fácil de provar e mais provável de convencer. Além de que seria estranho se fosse vergonhoso não poder se defender com a ajuda do corpo, mas não vergonhoso no que diz respeito à fala, cujo uso é completamente próprio do homem do que o do corpo. [13] Se o argumento for de que o uso injusto dessa capacidade dos argumentos pode causar muitos danos, isso se aplica igualmente a todas as coisas boas, exceto à virtude e principalmente àquelas que são mais úteis, como força, saúde, riqueza e tática militar, pois, estas, usadas corretamente, podem ser de grande benefício; logo, se usadas incorretamente, podem causar igual dano.

[14] Portanto, sem qualquer dúvida, a retórica não lida com qualquer classe definida de assuntos, mas, assim como a dialética, é bastante útil; é evidente que sua função não é persuadir, mas descobrir, em cada caso, o estado atual de persuasão, do mesmo modo que em todas as outras artes (p. ex., não é função da medicina recuperar a saúde, mas apenas promover esse fim tanto quanto possí-

vel, pois mesmo aqueles cuja recuperação é impossível podem ser tratados adequadamente); ainda é evidente que pertence à retórica descobrir os meios críveis e aparentes de persuasão, assim como pertence à dialética descobrir o silogismo real e o aparente, haja vista que a sofística não está na competência, mas sim na preferência. Na retórica, há uma diferença entre o retórico que age de acordo com seu conhecimento científico e o retórico que age de acordo com sua preferência; na dialética, é o propósito moral que torna alguém um sofista, enquanto o próprio dialético é aquele cujos argumentos se baseiam na sua competência e não no seu propósito moral.

Agora falemos desse método em si para ver como e por quais meios seremos capazes de atingir os objetivos. Então, novamente e desde o começo, definiremos o que a retórica é, e, por fim, falemos o restante do assunto.

2

A retórica, então, se define como a capacidade de descobrir os possíveis meios de persuasão em qualquer assunto. Essa não é a função de nenhuma outra arte, pois cada uma delas é capaz de instruir e persuadir em seu próprio fundamento; assim, a medicina lida com a saúde e a doença, a geometria com os atributos das magnitudes, a aritmética com os números e, da mesma forma, com todas as outras artes e ciências restantes; a retórica, por assim dizer, parece ser capaz de observar os meios de persuasão em qualquer assunto dado. Por isso dizemos que a retórica, como arte, não aplica suas regras a nenhuma classe definida de assuntos. [2] Quanto às provas, há aquelas que não são modificadas pela arte e aquelas que estão conformes às regras da arte. Considero não modificadas as que não foram inventadas por nós, mas que já existiam precedentemente, como testemunhas, torturas, contratos e coisas desse tipo. Já as provas que estão conformes às regras da arte são aquelas capazes de ser estabelecidas através do método e de nossos esforços. Assim, é necessário servir-se desse último tipo, ao passo que devemos inventar o primeiro. [3] Há três tipos de provas obtidas por meio do discurso: as que dependem da impressão moral de quem discursa; as que colocam o ouvinte em certo estado de espírito; e as que são próprias da fala, uma vez que sejam capazes de provar ou esclarecer algo.

[4] O orador convence pela impressão moral quando sua fala é expressada de maneira a torná-lo digno de confiança; pois confiamos melhor e mais rápido em pessoas que se mostram habilidosas. Isso é geralmente verdade, seja qual for a questão, e absolutamente verdadeiro quando a certeza exata é impossível e as opiniões estão divididas. Essa confiança deve ocorrer sobretudo por meio do discurso, e não por meio de alguma ideia previamente julgada a respeito do orador, pois não é como certos escritores que estabelecem regras nas artes e dizem que a autenticidade do falante não contribui em nada quando se trata de persuasão; pelo contrário, essa impressão pode ser o instrumento de persuasão mais confiável e eficaz, por assim dizer.

[5] O orador persuade seus ouvintes quando eles são induzidos a uma emoção por conta de seu discurso; pois as decisões que damos não são as mesmas quando estamos aborrecidos ou alegres, ou ainda se somos influenciados pelo amor ou pelo ódio; e é somente a isso que, como já dissemos, os atuais escritores se esforçam para dar sua atenção. [6] Sobre essas questões, cada uma delas será mostrada quando formos falar a respeito das emoções. A persuasão é efetuada através do próprio discurso quando provamos uma verdade ou uma ver-

dade aparente por meio dos argumentos persuasivos adequados ao caso em questão.

[7] Agora, uma vez que as provas são efetuadas por esses meios, é evidente que, para compreendê-las, deve-se ser capaz de raciocinar, refletir sobre o caráter moral, as virtudes e, em terceiro lugar, de compreender as emoções; isto é, nomeá-las e descrevê-las, conhecer suas causas e a sua natureza. Dessa maneira, parece que a retórica é como se fosse alguma ramificação da dialética e da ciência dos costumes, que pode ser justamente chamada de política. É por isso que a retórica "veste o traje"[4] da política assim como aqueles que a reivindicam, seja por meio da ignorância, da presunção ou por meio de outras causas humanas; pois, como dissemos no início, a retórica é uma parte da dialética ou se assemelha a ela, uma vez que nenhuma delas é o estudo científico de um assunto separado: ambas são meios de fornecer argumentos.

[8] Foi dito, talvez, um relato suficiente do poder de ambas e de como elas se relacionam entre si. Mas, para fins de demonstração, real ou aparente, assim como há na dialética dois modos de argumento – indução e silogismo, real ou aparente –, o mesmo acontece na retórica; pois o exemplo é uma indução e o entimema um silogismo, já o entimema aparente é um silogismo aparente. Logo, chamo um entimema de silogismo retórico e um exemplo de indução retórica. Todos os oradores produzem confiança empregando como provas exemplos ou entimemas, e nada mais; de modo que se, de modo geral, for necessário provar qualquer fato, seja por silogismo ou por indução (e isso nos é evidente a partir dos *Analíticos*[5]), deve-se concluir que entimemas são silogismos e que exemplos são induções.

[9] A diferença entre exemplo e entimema é evidenciada pelas passagens dos *Tópicos* (nas quais a indução e o silogismo foram discuti-

dos anteriormente). Elas nos dizem que, ao basear a prova em uma série de casos semelhantes, temos uma indução na dialética e um exemplo na retórica, e que, ao colocar junto a elas certas proposições como sendo verdadeiras, o resultado também deve, por consequência, ser verdadeiro – de modo geral ou na maioria dos casos. Isso é chamado de silogismo na dialética e entimema na retórica.

[10] É claro, também, que cada um desses tipos de oratória tem sua vantagem; o que foi dito na *Metódica*[6] se aplica igualmente nesse caso; pois os discursos retóricos são caracterizados por exemplos ou entimemas e, da mesma forma, os oradores podem ser distinguidos por serem bons em formular exemplos ou bons em formular entimemas. Contudo, os discursos que dependem de exemplos são menos persuasivos, e aqueles que se baseiam em entimemas encontram mais aprovação.

[11] As origens desses discursos – e como cada um deve ser usado – serão discutidas posteriormente; agora vamos definir com mais clareza esses processos. Pois bem, o que é verossímil é persuasivo e também convincente para alguém, seja ao mesmo tempo, por si só ou porque parece ser provado por pessoas que são convincentes. Porém, nenhuma das artes teoriza sobre casos individuais. A medicina, por exemplo, não fala sobre aquilo que favorece a saúde apenas de Sócrates ou Cálias, mas sobre aquilo que favorece a todos de uma determinada classe (pois isso é domínio da arte; já o individual é infinito e não pode ser conhecido cientificamente). A retórica não considerará o que parece provável em cada caso individual (p. ex., para Sócrates ou Hípias), mas o que parece provável para esta ou aquela classe de pessoas, da mesma forma que a dialética, que não obtém conclusões de nenhuma premissa aleatória (pois isso parece coisa de velhos e insa-

nos), mas de assuntos que exigem uma discussão, e a retórica se baseia em assuntos comuns de debate. [12] A função da retórica, então, é lidar com coisas sobre as quais deliberamos e para as quais não temos artifícios retóricos; e também atua na presença de ouvintes incapazes de visualizar ou deduzir uma longa sequência de argumentação. Deliberamos sobre aquilo que parece nos apresentar duas possibilidades; ninguém delibera sobre as coisas que, no passado, no presente ou no futuro não podem ser de outra forma, se supõe que assim seja; pois não há nada de vantajoso nisso.

[13] É possível deduzir e tirar conclusões parciais dos resultados de silogismos mostrados anteriormente, em parte do que é inexplicável, mas que precisa ser provado, pois não é considerado plausível. O primeiro tipo desses métodos é necessariamente difícil de seguir devido à sua extensão (pois o juiz deve ser uma pessoa de caráter simples); o outro tipo conseguirá pouca aceitação porque depende do que é admitido ou provável. O resultado necessário, então, é que o entimema e o exemplo estão relacionados a coisas que podem, em geral, ser diferentes do que são, sendo o exemplo uma indução e o entimema um silogismo. O entimema deve ser deduzido de poucas premissas, menos frequentemente do que as que compõem o silogismo normal; pois, se qualquer uma dessas premissas for bem-conhecida, não há necessidade de mencioná-la; o próprio ouvinte pode adicioná-la. Por exemplo, para mostrar que Dorieu foi o vencedor de uma competição e que recebeu como prêmio uma coroa, basta simplesmente dizer que ele conquistou uma vitória nos Jogos Olímpicos sem a necessidade de adicionar que foi premiado com uma coroa, pois disso todos sabem.

[14] Uma vez que poucas premissas dos silogismos retóricos são necessárias (pois a

maioria das coisas que julgamos e examinamos pode ter outra possibilidade; as ações que deliberamos/ consideramos, como também todas as nossas ações, têm um caráter coletivo, e nenhuma delas, por assim dizer, é necessária); uma vez que os fatos que apenas acontecem ou são meramente possíveis só podem ser deduzidos de premissas do mesmo tipo, e as conclusões necessárias de premissas necessárias; isso nos fica evidente a partir dos *Analíticos*). É evidente que algumas das proposições das quais os entimemas são derivados serão necessárias, mas na maioria das vezes serão verdadeiras. Esses entimemas – ou seja, essas concepções – são as probabilidades e os sinais, devendo corresponder, respectivamente, às proposições que são geralmente verdadeiras e àquelas que são necessariamente verdadeiras. [15] Pois a probabilidade é, com efeito, algo que geralmente acontece, não de modo simples como alguns a definem, mas se preocupa com as coisas que podem ser diferentes do que são, tendo, assim, relação com aquilo que é provável, assim como as afirmações universais têm relação com o particular.

[16] Quanto aos sinais, alguns se relacionam do particular para o universal, outros do universal para o particular. Os sinais necessários são chamados de "prova irrefutável" (*tekmérion*), e os não necessários carecem de um nome distinto. [17] Logo, chamo de sinais necessários aqueles nos quais os silogismos se baseiam, e por isso chamados de "prova irrefutável" (*tekmérion*), pois quando pensam que não pode ser refutado aquilo que foi dito pensam que estão apresentando uma prova irrefutável; ou seja, algo provado e concluído. Isso porque, na língua antiga, "limite" (*tékmar*) e "conclusão" (*péras*) têm o mesmo significado[7].

[18] Há, entre os sinais, alguns relacionados do particular ao universal, como, por exemplo, se alguém dissesse ser um sinal que os homens

sábios são justos porque Sócrates era sábio e justo. Isso certamente é um sinal que pode ser refutado, mesmo que seja uma verdade a afirmação particular (pois ela não tem forma de silogismo). Contudo, se alguém dissesse ser um sinal que o homem está doente porque tem febre, ou que uma mulher produzindo leite é sinal de que ela deu à luz, nesses casos temos o tipo irrefutável de sinal, o único tipo que constitui uma prova irrefutável (*tekmérion*) entre os sinais; pois somente nesses casos, se o fato for verdadeiro, o argumento é irrefutável. Já outros signos se relacionam como sendo do universal para o particular; por exemplo, se alguém dissesse ser um sinal que o homem está com febre porque tem uma respiração acelerada. Mas, mesmo que o fato seja verdade, tal argumento também pode ser refutado, pois é possível um homem acelerar sua respiração sem ter febre.

Foi, então, dito qual a natureza de uma probabilidade, de um sinal e de uma prova irrefutável, e as diferenças entre eles. Nos *Analíticos*, nós os definimos mais claramente e declaramos por que alguns deles podem ser convertidos em silogismos lógicos, enquanto outros não.

[19] Foi dito, igualmente, que o exemplo é uma espécie de indução e com que tipo de condição a indução se dá. Não é a relação da parte com o todo, nem do todo com a parte, nem de um todo com outro todo, mas é a relação de uma parte com outra parte e de semelhante com semelhante – quando ambos pertencem ao mesmo grupo, mas sendo um deles mais conhecido do que o outro; esse mais conhecido é um "exemplo". É como argumentar que Dionísio estava conspirando uma tirania por ter pedido um guarda-costas, já que, antes dele, Pisístrato e Teógnis em Mégara haviam feito o mesmo, pois pediram um guarda-costas e se tornaram tiranos. Todos os outros tiranos conhecidos tornam-se exem-

plos em relação a Dionísio, pois não conhecemos o seu motivo em pedir um guarda-costas. Todos esses exemplos estão contidos em uma única premissa universal: aquele que conspira uma tirania pede um guarda-costas. Declaramos, portanto, as fontes das provas convincentes que se supõe serem demonstrativas.

[20] Uma diferença importante entre os entimemas escapou à atenção de quase todos, que também funciona no método dialético dos silogismos; pois alguns dos entimemas pertencem à retórica do mesmo modo que alguns silogismos pertencem ao método da dialética, mas há outros entimemas que são formados conforme outras artes e faculdades, sendo alguns já existentes e alguns que ainda não foram descobertos. Portanto, isso passa despercebido aos ouvintes, e quanto mais entram em contato com um modo de expressão, mais se distanciam da retórica e da dialética. Esta afirmação ficará mais clara se for falada mais extensamente.

[21] Quero dizer por silogismos dialéticos e retóricos aqueles que se referem ao que chamamos de *tópicos*; estes são comuns às ciências do direito, da natureza, da política e de muitas outras que se diferem em estilo, como, por exemplo, o tópico do mais ou do menos; pois isso tornará possível a formação de silogismos ou dizer entimemas sobre assuntos relacionados às ciências do direito, da natureza ou qualquer outra ciência, mesmo que sejam diferentes em estilo. Os tópicos específicos, por outro lado, são derivados de premissas que são particulares a cada espécie ou gênero de coisas; por exemplo, há premissas feitas sobre a ciência da natureza que não podem fornecer nem entimemas nem silogismos aplicáveis à ética, e há premissas concernentes à ética que não fornecerão nem entimemas nem silogismos referentes à ciência da natureza; o mesmo é válido em todos os casos. Os tópicos comuns

não farão ninguém inteligente a ponto de compreender qualquer gênero da ciência, porque eles não tratam de nenhum assunto em particular; mas, quanto aos tópicos específicos, quanto melhor alguém fizer uma escolha de suas premissas, mais produzirá uma ciência bastante diferente da dialética e da retórica sem se dar conta disso, pois se voltar, por acaso, aos primeiros princípios, não será mais dialética nem retórica, mas aquela ciência cujos princípios ele tomou. [22] A maioria dos entimemas deriva destes tópicos chamados particulares e específicos, e em menor número os que derivam dos tópicos comuns ou universais.

Aqui é necessário fazer, então, uma distinção entre os tópicos específicos e universais, da mesma forma que nos *Tópicos*, a partir dos quais os entimemas podem ser construídos. Chamo de tópicos específicos as premissas características a cada gênero de coisas e tópicos universais aquelas que são comuns a todos. Primeiramente, vamos definir os diferentes tipos de retórica antes de falarmos dos tópicos específicos, de modo que, tendo determinado quantos tipos são, possamos definir separadamente seus elementos e premissas.

3

Os tipos de retórica são três em número, pois correspondem aos três tipos de ouvintes. Todo discurso, na prática, é composto de três elementos: o orador, o assunto de que trata e a pessoa a quem se dirige; quero dizer, o ouvinte, a quem o fim do discurso se refere. [2] É necessário que o ouvinte seja um mero espectador ou um juiz – um juiz que se pronuncie ou sobre as coisas passadas ou sobre as coisas futuras. Aquele que se pronuncia sobre as coisas futuras, por exemplo, é um membro da assembleia, e o que se pronuncia sobre as coisas passadas é o dicasta. Já o espectador aprecia a habilidade do orador.

[3] Portanto, há a necessidade de três tipos de discursos retóricos: o deliberativo[8], o forense[9] e o epitídico[10]. No tipo deliberativo, temos a exortação ou a dissuasão; pois tanto os que dão conselhos quanto os que falam na assembleia fazem uso de uma dessas duas coisas. No tipo forense temos a acusação e a defesa; pois aqueles que são adversários, na justiça, devem necessariamente acusar ou defender. Por fim, no tipo epitídico, temos tanto o elogio como a censura.

[4] Há, também, um tempo apropriado para cada um desses tipos: o futuro para o deliberativo (pois o orador que delibera, sendo exortativo ou persuasivo, aconselha sobre as coisas que estão por vir); o passado para o forense (pois é sempre em referência às coisas já feitas que uma parte acusa e a outra defende); e, para o tipo epitídico, o presente é o mais apropriado (pois todos elogiam ou censuram a situação presente das coisas), embora também, muitas vezes, os oradores que usam o discurso epitídico se apoiam em outros tempos, recordando-se do passado ou pressupondo o futuro.

[5] Além disso, cada um desses tipos retóricos têm um fim diferente, e como existem três tipos de discursos, há três fins diferentes. Para o orador deliberativo, o fim é o conveniente ou o prejudicial; pois aquele que exorta faz a melhor recomendação possível, e aquele que dissuade persuade da pior maneira possível, e todas as outras considerações – como a justiça e a injustiça, o nobre e o desonroso – são incluídas como acessórios em referência a isso. Para os oradores forenses, o fim é o justo ou o injusto; todas as outras considerações aqui também são in-

cluídas. Para os que elogiam ou censuram, o fim é o belo ou o vergonhoso, e também se referem a todas as outras considerações.

[6] Um sinal do que foi falado ser o fim de cada tipo é o fato de que, às vezes, os oradores não disputam sobre nenhuma outra coisa. Por exemplo, o orador forense nem sempre nega que um ato foi cometido ou que agiu mal, mas ele nunca admitirá que cometeu uma injustiça; pois então não seria necessário um julgamento. Do mesmo modo, os oradores deliberativos, embora muitas vezes abandonem o restante do discurso, nunca admitirão que recomendam coisas prejudiciais ou que dissuadem do que é útil; frequentemente eles nem se importam em mostrar que é injusto escravizar povos vizinhos, mesmo que estes não tenham cometido injustiça alguma. De igual maneira, os oradores que elogiam ou censuram não consideram se alguém agiu de forma bela ou vergonhosa, mas fazem questão de elogiar que praticaram um ato de honra ao não se preocuparem com seus próprios interesses. Elogiam, por exemplo, Aquiles por ter socorrido seu companheiro Pátroclo sabendo que tinha de morrer por isso, mesmo podendo ter vivido. Para Aquiles, essa morte era mais honrosa, mesmo que a vida fosse mais conveniente.

[7] É evidente, pelo que acaba de ser dito, que é necessário o orador ter primeiramente as premissas desses três assuntos; as premissas retóricas são: as provas decisivas, as probabilidades e os sinais necessários. Porque, em geral, todo silogismo é composto por premissas e o entimema é um silogismo constituído por essas premissas retóricas mencionadas. [8] Visto que o impossível e o que não aconteceu não podem ter sido nem poderão ser feitos, mas sim somente aquilo que é possível, é necessário que os oradores deliberativos, forenses e epitídicos tenham premissas que lidam com o possível

e o impossível, se algo aconteceu ou não e se acontecerá ou não.

[9] Além disso, uma vez que todos os oradores não se esforçam apenas para provar o que disseram – quer elogiem ou recriminem, exortem ou dissuadam, acusem ou defendam –, mas também para provar que o bom ou o mau, o honrado ou o vergonhoso e o justo ou o injusto são grandes ou pequenos – quer falem das coisas em si ou quando comparadas entre si –, é claro que será necessário que o orador esteja pronto com premissas que tratem da grandeza e da pequeneza, do maior e do menor, do universal e do particular – por exemplo, qual bem é o maior ou o menor, qual ato é de injustiça ou de justiça –, e da mesma forma com relação aos demais assuntos.

Mencionamos, portanto, os tópicos nos quais o orador deve necessariamente obter premissas. A seguir, devemos distinguir cada um dos tópicos individualmente; isto é, os que pertencem ao discurso retórico deliberativo, ao forense e ao epitídico.

4

Primeiramente deve-se compreender que tipo de coisas boas ou más o orador deliberativo aconselha, uma vez que ele não se ocupa de todas as coisas, mas apenas daquelas que são possíveis de acontecer ou não. [2] Não há deliberação sobre as coisas que necessariamente existem ou existirão, ou ainda as impossíveis de existir ou de acontecer. [3] Nem mesmo no caso de todas as coisas que são possíveis, pois há certas vantagens, naturais ou que ocorrem por acaso – nas coisas boas que acontecem ou que ainda acontecerão, ou não –, sobre as quais não compensa dar conselhos. Contudo, as coisas suscetíveis a um conselho são claras; são todas aquelas que se referem a nós mesmos e cuja origem está em nosso próprio princípio de existência, pois limitamos a nossa observação até o momento em que descobrimos se tais coisas são possíveis ou impossíveis de realizarmos.

[4] No momento, não há necessidade de enumerar com exatidão cada uma das coisas sobre as quais se costuma deliberar, de classificá-las em categorias e nem mesmo de defini-las conforme a verdade, uma vez que isso não é função da arte retórica, mas de uma outra arte mais sensata e verdadeira. Além disso, atualmente lhe são atribuídas muito mais teorias do que as que lhe são próprias. [5] Pois, com efeito, é verdade o que dissemos antes: a retórica é composta tanto pela ciência analítica quanto pelo ramo da ciência política que trata da impressão moral; é semelhante, também, em parte à dialética e em parte aos discursos sofísticos.

[6] Tendo em vista que, se alguém tentar imaginar a dialética ou a retórica não como o que elas realmente são – ou seja, faculdades mentais, mas como ciências –, nesse caso irá destruir suas reais naturezas, sem o saber, mudando seus fundamentos e as alterando para a área das ciências, cujos assuntos são coisas definidas, não apenas discursos. [7] No entanto, falemos agora do que compensa analisar sobre tais assuntos; porém, ainda deixando uma observação implícita para a ciência política.

São cinco, em número, os temas mais importantes sobre os quais todos deliberam e sobre os quais os oradores deliberativos dão conselhos, a saber: as vias e os meios referentes às despesas, guerra e paz, defesa nacional, importações e exportações, e legislação. [8] Assim sendo, o orador que tiver intenção de aconselhar sobre as vias e os meios referentes às despesas deverá saber a natureza e a dimensão dos recursos da cidade, de modo que seja acrescentado, se algum recurso for omitido, e aumentar, se algum for insuficiente. Deve, ainda, conhecer todas as despesas da cidade, para remover alguma, se essa for supérflua, ou, se for muito grande, reduzi-la. Pois os homens se tornam mais ricos não apenas aumentando os bens que possuem, mas também reduzindo suas despesas. Não é possível alcançar uma visão geral dessas coisas apenas pelas experiências individuais, mas é necessário estar bem-informado acerca do que os outros aconselham sobre elas.

[9] Quanto à guerra e à paz, o orador deve conhecer o poder da *pólis*, quão grande esse poder já é e o quão grande pode vir a ser, qual sua natureza, e que acréscimos podem ser feitos a ele; além disso, que guerras travou e como as conduziu. Deve conhecer essas coisas não somente sobre sua própria *pólis*, mas também sobre as vizinhas, principalmente com as que há possibilidade de guerra, de modo a manter a paz com as mais fortes e guerrear contra as mais fracas. Também deve saber se as forças militares das *pólis* vizinhas são semelhantes ou diferentes das suas, pois podem ser superiores ou inferiores. É necessário, ainda, ter examinado os resultados não só das guerras travadas pela própria *pólis*, mas pelas outras também, pois resultados semelhantes surgem de causas semelhantes.

[10] Quanto à defesa do país, o orador não deve ignorar como ele é protegido, mas saber também a grandeza e o caráter das tropas, assim como as posições das fortalezas (isso é impossível para quem não tem experiência com a região), para que a defesa seja reforçada se for insuficiente, ou retirada se for em excesso, e assim proteger melhor os lugares apropriados.

[11] Com relação à alimentação, o orador deve saber quantos e quais gastos são suficientes para sustentar a *pólis*, quais alimentos são produzidos na própria *pólis* e quais são importados, e também que exportações e importações são necessárias para que contratos e acordos possam ser feitos com os fornecedores; pois é necessário cuidar para que os cidadãos não sejam repreensíveis em relação a duas classes: das pessoas mais fortes e das que são úteis ao comércio.

[12] Para a segurança é necessário que o orador seja capaz de observar todas essas questões, mas ser entendido de legislação é de grande importância, pois é nas leis que a segurança da *pólis* está. Portanto, é indispensável que o orador saiba quantas formas de governo existem, o que é conveniente para cada uma e por quais causas – próprias de uma forma de governo ou contrárias a ela – fracassam. Por se arruinar por causas próprias, quero dizer que todas as outras fracassam por serem desleixadas ou em excesso, com exceção da melhor forma de governo. Por exemplo, a democracia se torna mais fraca e terminará em uma oligarquia não apenas quando desleixada, mas também quando aplicada em excesso; da mesma forma que um nariz grande e curvo ou um nariz achatado não só parecem normais quando um desses defeitos é diminuído, ou seja, desleixado, mas também é alterado quando se torna curvo ou achatado em excesso, a tal ponto que até mesmo a semelhança de um nariz é perdida. [13] É vantajoso para a legislação compreender, observando através do passado, não só qual forma de governo é conveniente, mas também saber as formas de governo das outras nações e que tipos de governo são adequados aos povos. É claro, portanto, que os relatos de viagens ao redor do mundo são úteis para a legislação (pois ajudam a entender as leis de

outras nações), e para os debates políticos as investigações dos que escrevem sobre as ações humanas são úteis. Tudo isso, entretanto, pertence ao campo da política, e não da retórica.

Essas são, então, as questões mais importantes sobre as quais aquele que pretende ser um orador deliberativo deve estar bem-informado. Agora, vamos falar sobre as fontes de onde é preciso derivar os argumentos para exortar ou dissuadir esses e outros assuntos.

5

Há um certo objetivo para quase todos os homens – seja individualmente, seja em comum –, para o qual escolhem ou evitam fazer certas coisas. Esse objetivo, em resumo, é a felicidade e suas partes componentes. [2] Indiquemos, portanto, a título de exemplo, o que é a felicidade de modo geral e falar de suas partes constituintes, pois todos os que exortam ou dissuadem discutem a felicidade e as coisas que a intensificam ou que são contrárias a ela. Pois deve-se fazer aquilo que providencia a felicidade ou alguma de suas partes, ou ainda aquilo que a aumenta em vez de diminuí-la. Também deve-se evitar fazer o que destrói ou impede a felicidade, assim como o que produz o que é contrário a ela.

[3] A felicidade, então, consiste em bem-estar combinado com virtude, ou um sentimento de possuir na vida o que basta, ou a vida com estabilidade do que é mais agradável, ou ainda a posse abundante de bens materiais e corpos juntamente com a capacidade de protegê-los, fazendo uso deles. Quase todos reconhecem que a felicidade é uma ou mais dessas coisas. [4] Se, então, essa é a natureza da felicidade, é necessário que suas partes componentes sejam: nobreza, numerosos e bons amigos, riqueza,

bons e numerosos filhos, uma boa velhice, além de virtudes corporais (como saúde, beleza, força, estatura, aptidão para competições atléticas), uma boa reputação, honra, sorte e virtude. Assim, uma pessoa seria inteiramente independente se possuísse todos os bens internos e externos; pois não há outros além desses. Bens internos são aqueles da alma e do corpo; bens externos são nobreza, amigos, riqueza e honra. A tais bens, acreditamos que se deve acrescentar certas capacidades e sorte, pois assim a vida será muito mais segura. Vamos, agora, da mesma forma, definir cada um desses bens em detalhes.

[5] A nobreza, no caso de nação ou *pólis*, significa que seus membros ou habitantes são do mesmo solo ou de origem antiga; que seus primeiros membros eram líderes famosos e que muitos de seus descendentes eram famosos por qualidades invejáveis. Para o indivíduo, a nobreza deriva do lado do pai ou da mãe, com legitimidade de ambos os lados; e, como no caso de uma *pólis*, significa que os célebres primeiros habitantes foram distinguidos pela virtude, pela riqueza ou por qualquer outra honraria, e que muitas pessoas ilustres foram membros da sua linhagem, tanto homens como mulheres, jovens e velhos.

[6] Ter bons e numerosos filhos é um tema que precisa de pouca explicação. Para a comunidade, consiste em um grande número de bons jovens e que sejam bons em virtudes do corpo, tais como estatura, beleza, força e aptidão para competições atléticas; e virtudes da alma, que são, para um jovem, a temperança e a coragem. Para o indivíduo, consiste em uma série de bons filhos próprios, de ambos os sexos, e com as qualidades descritas. As virtudes corporais femininas são a beleza e a estatura, suas virtudes da alma são autocontrole e amor ao trabalho, sem bajulação. Tanto o indivíduo quanto a comunidade devem assegurar o desenvolvi-

mento de cada uma dessas qualidades nos homens e nas mulheres de maneira semelhante; pois, todas as *pólis* em que o caráter da mulher é inferior, como em Esparta, podem ser consideradas felizes apenas pela metade.

[7] A riqueza consiste em abundância de dinheiro e terra, posse de terrenos e propriedades, e também de bens móveis, como escravos e criação de animais, sendo todas essas coisas notáveis por número, tamanho e beleza, além de que sejam, todos esses bens, estáveis, dignos de um homem livre e úteis. Os bens produtivos são mais úteis, mas os agradáveis são mais dignos de um homem livre (por produtivos quero dizer os que são fontes de rendimento; por agradáveis, aqueles que não oferecem vantagem alguma além do uso deles). A segurança é definida como posse de propriedade em lugares e em condições cujo uso esteja em nossas próprias mãos, e a propriedade como direito de alienação; por alienação, refiro-me a doar ou vender o bem. No geral, ser rico consiste mais no usar do que no possuir, já que a riqueza é a operação e o uso de tais coisas.

[8] Uma boa reputação consiste em ser considerado por todos, um homem virtuoso, ou em possuir algo de tal natureza que todos – muitos, bons ou prudentes cobiçam. [9] A honra é um sinal da reputação do benfeitor; são justamente honrados, sobretudo, os que têm feito o bem e também aquele que é capaz de fazê-lo; a boa ação está relacionada à segurança pessoal, a todas as causas da existência, à riqueza ou a qualquer outra coisa boa que não seja adquirida facilmente, seja no geral, seja num lugar ou tempo determinados; pois muitos alcançam a honra por coisas que parecem insignificantes, mas isso depende dos lugares e das circunstâncias. Os elementos constituintes da honra são: sacrifícios, memoriais em verso e prosa, privilégios, concessões de

terras, o direito de sentar na primeira fila, ritos fúnebres, estátuas, cuidados concedidos pelo Estado, práticas bárbaras – como a prostração e ficar fora de si –, e os presentes que são valorizados em cada país. Um presente é, ao mesmo tempo, uma dádiva de um bem material e um símbolo de honra, porque tanto os avarentos como os ambiciosos o cobiçam. Para ambos, o presente fornece o que buscam: o bem material que os avarentos desejam e a honra que os ambiciosos anseiam.

[10] A virtude corporal é a saúde, e essa consiste em ter o corpo livre de doenças ao exercitá-lo; pois muitos são saudáveis, como se diz ter sido Heródico, a quem ninguém consideraria feliz, porque era obrigado a se abster de todos os prazeres humanos, ou a maioria deles. [11] A beleza é diferente em cada idade. No jovem, ela consiste em possuir um corpo capaz de suportar todos os sofrimentos físicos, tanto na pista de corridas como na força corporal, sendo agradável e prazeroso vê-lo; é por isso que os atletas do pentatlo são os mais belos, pois para a força e para a velocidade estão naturalmente adaptados. No homem que está em pleno auge da idade, a beleza consiste em suportar as tarefas da guerra, sendo agradável e inspirador vê-lo. No homem idoso, a beleza consiste em resistir às fadigas e estar livre de dores, não sofrendo nenhum dos inconvenientes da velhice.

[12] A força consiste na capacidade de mover um outro corpo como se quer, sendo necessário puxá-lo, empurrá-lo, levantá-lo, apertá-lo ou esmagá-lo, de maneira que, aquele que é forte, seja-o em virtude de poder fazer todas essas coisas ou algumas delas. [13] A virtude na estatura consiste em superar em altura, extensão e largura os outros, mas de modo que não torne os movimentos do corpo mais lentos por causa do excesso de grandeza. [14] A virtude corporal na aptidão para competições atléti-

cas consiste no tamanho, força e velocidade (pois o rápido também é forte); pois aquele que é capaz de movimentar as pernas de certa maneira e de movê-las rapidamente é apropriado para a corrida; aquele que é capaz de pressionar e lutar é hábil na luta livre; aquele que é capaz de se desviar de um golpe é apropriado para o boxe; aquele que se destaca no boxe e na luta livre está apto para o pancrácio; e aquele que se destaca em tudo, no pentatlo.

[15] A boa velhice é lenta e sem dor; pois nem aquele que envelhece rapidamente nem aquele que envelhece de forma lenta, mas com dor, desfrutam de uma velhice feliz. Isso depende das virtudes corporais e da sorte, pois quem não é saudável nem forte não estará livre de sofrimento e não viverá uma vida longa e indolor sem a ajuda da sorte. Entretanto, além da saúde e da força há um poder de longevidade, pois muitos que não apresentam essas virtudes corporais têm uma vida longa; mas uma observação minuciosa de tal assunto é desnecessária para o presente propósito.

[16] O significado de ter vários e bons amigos é fácil de entender a partir da definição do que é amigo: é aquele que se esforça para fazer por outro aquilo que pensa ser benéfico para si mesmo. Há muitos amigos que conhecem muitas pessoas que assim são, e se elas são virtuosas, então possuem, também, bons amigos.

[17] A boa sorte consiste na aquisição ou posse de todos, da maioria ou dos mais importantes bens cuja causa é a sorte. Esta é o resultado de algumas coisas que as artes proporcionam e também de muitas outras que não dependem das artes, como, por exemplo, as que são pertinentes à natureza (é possível que a sorte seja contrária à natureza); pois a arte é resultado da saúde e a natureza é resultado

da beleza e estatura. De modo geral, os bens provenientes da sorte são os que despertam a inveja. A sorte também é a causa dos bens que estão além da explicação lógica como, por exemplo, quando um homem é bonito sendo todos os seus irmãos feios, ou quando um homem encontrou um tesouro que os outros não viram, ou quando a flecha atingiu quem estava perto e não quem era o alvo, ou quando um homem que costumava frequentar um lugar e foi o único a não ir precisamente na ocasião em que os outros foram pela primeira vez e morreram. Todos esses casos parecem ser exemplos de boa-sorte. [18] Quanto à virtude, sua definição deve ser deixada até que venhamos a tratar do elogio, com o qual ela está mais intimamente conectada.

6

Portanto, é evidente que, ao exortar ou dissuadir, deve-se ter em mente as coisas prováveis de acontecer ou já existentes, pois elas são opostas. Porém, uma vez que o objetivo do orador deliberativo é o conveniente (pois as pessoas deliberam não sobre o fim, mas sobre os meios que conduzem ao fim, que são as coisas convenientes para com nossas ações, e o conveniente é bom), devemos apreender as noções gerais do que constitui o bom e o conveniente.

[2] Vamos supor que o bom seja tudo o que é desejável por si só, ou aquilo para o qual escolhemos outra coisa, também tudo o que é cobiçado, tanto o que pode ser sentido como pensado, ou poderia ser, se adquirisse razão, ou tudo o que a razão pode conceber a cada indivíduo e tudo o que ela concede a cada um em relação a coisas individuais – para cada um isso é o bom –, ou ainda tudo cuja presença concede bem-estar e autossuficiência, além da própria independência, ou aquilo que produz ou preserva

essas coisas, ou aquilo que resulta em tais coisas, ou tudo o que pode impedir ou destruir seus opostos.

[3] Os resultados podem ser de dois tipos: simultâneos ou posteriores; por exemplo, o conhecimento é um resultado posterior ao aprendizado, mas a vida é um resultado simultâneo à saúde. As causas que a produzem podem ser de três tipos: estar saudável, a comida e fazer exercício. [4] Posto isto, é necessário que sejam boas tanto a aquisição de coisas boas como a perda de coisas ruins; pois o resultado de se livrar do que é ruim é simultâneo, e de possuir o que é bom é posterior.

[5] O mesmo se aplica à aquisição de um bem maior em vez de um menor e de um mal menor em vez de um maior; pois, na proporção em que o maior excede o menor, há aquisição de um e perda do outro. [6] As virtudes também devem ser uma coisa boa; pois, graças a elas, aqueles que as possuem estão em boas condições e também produzem coisas boas e eficazes.

[7] No entanto, devemos falar separadamente sobre o que é cada coisa e a natureza de cada uma. O prazer também é uma coisa boa, pois todos os seres vivos o desejam naturalmente. Da mesma maneira, tanto as coisas prazerosas quanto as belas são necessariamente boas; e certamente as coisas eficazes produzem prazer, enquanto, entre as coisas belas, umas são agradáveis e outras desejáveis por si mesmas.

[8] Para enumerá-las uma a uma, as coisas ditas a seguir são necessariamente boas. A felicidade, porque é desejável por si mesma e autossuficiente, e para obtê-la escolhemos uma série de coisas. [9] O senso de justiça, a coragem, a prudência, a generosidade, a magnificência e todos as outras práticas semelhantes, pois são virtudes da alma. [10] A saúde, a beleza e outras semelhantes, pois são virtudes

do corpo e geram muitas coisas boas; por exemplo, a saúde gera prazer e vida; portanto, é considerada a melhor de todas, porque é a causa das duas coisas mais preciosas para as pessoas: o prazer e a vida. [11] A riqueza, pois é a virtude da posse e geradora de muitas coisas. [12] O amigo e a amizade, porque um amigo é desejável por si mesmo e traz muitas coisas. [13] A honra e a glória, porque são agradáveis e proporcionam muitas vantagens, e geralmente são acompanhadas pela posse daquelas coisas pelas quais se recebe honras. [14] A capacidade de falar e agir; pois todas elas produzem muitas coisas boas. [15] Além disso, o talento natural, boa memória, facilidade de aprender, perspicácia e todas as qualidades semelhantes; pois essas capacidades são geradoras de coisas boas. O mesmo se aplica a todas as ciências e artes. Também a vida, pois se nenhum outro bem resultar dela, [16] é desejável por si mesma. Por fim, a justiça, porque é conveniente para o bem comum. [17] Essas são quase todas as coisas geralmente reconhecidas como boas.

[18] No caso de bens duvidosos, os silogismos a seu favor são extraídos da seguinte premissa: é bom aquilo cujo oposto é ruim. [19] Também o oposto do que é vantajoso para nossos inimigos; por exemplo, se é muito vantajoso para nossos inimigos que sejamos covardes, é claro que a coragem é muito vantajosa para os cidadãos. [20] E, de modo geral, o oposto do que nossos inimigos desejam ou aquilo com o qual se alegram parece ser vantajoso; por isso foi dito: "Certamente, Príamo se alegraria"[11]. Nem sempre é esse o caso, mas geralmente é, pois não há nada que impeça que uma mesma coisa seja, às vezes, vantajosa para duas partes opostas; por isso, diz-se que os males unem os homens quando algo é prejudicial aos dois lados.

[21] O que não está em excesso é bom, enquanto o que é maior do que deveria ser é ruim. [22] Igualmente, o que custou muito trabalho e despesa; pois já é visto como um bem aparente, e tal coisa é considerada como um fim em si mesma e um fim de muitos esforços; e o fim é uma coisa boa. Por isso foi dito o seguinte: "Para que Príamo tenha do que se vangloriar"[12], "É vergonhoso depois de esperar tanto"[13] e o provérbio "[quebrar] o jarro na porta"[14].

[23] Também é bom aquilo que muitos almejam e que parece digno ser disputado, pois aquilo a que todos almejam foi reconhecido como algo bom; e a "maioria", nesse caso, representa "todos". [24] O que é digno de louvor, pois ninguém louva o que não é bom. E aquilo que louvam os inimigos e os maldosos, pois se mesmo aqueles que foram feridos por tal coisa reconhecem sua bondade, isso equivale a seu reconhecimento universal, pois é por sua bondade ser evidente que eles a reconhecem, assim como os maldosos que os amigos reprovam e os bons que os inimigos não reprovam. Por esta razão, os coríntios se sentiram insultados por Simônides quando este escreveu que "Ílio não repreende os coríntios"[15].

[25] Também é bom aquilo que os sensatos ou os bons homens ou as boas mulheres escolheram como o melhor: Atenas escolheu Odisseu, Teseu escolheu Helena, as deusas escolheram Alexandre, Homero escolheu Aquiles. [26] De modo geral, todas as coisas preferíveis são boas; os homens deliberadamente escolhem fazer o que acabamos de mencionar: as coisas más a seus inimigos e as coisas vantajosas e possíveis a seus amigos.

[27] As coisas possíveis são de dois tipos: coisas que podem acontecer e coisas que acontecem facilmente; são fáceis todas as coisas que acontecem sem esforço ou em pouco tempo, pois a dificulda-

de é definida pelo esforço ou pela duração do tempo. E tudo o que acontece como se deseja é bom, não se desejando nada que seja ruim nem uma coisa que seja um mal menor do que um bem (isso acontece se a penalidade ligada a ela passa despercebida ou se é leve). [28] Coisas que são particulares às pessoas, ou que ninguém mais possui, ou que são incomuns; pois, assim, a honra é maior. Igualmente, coisas que são apropriadas para as pessoas; ou seja, todas as coisas que lhes convêm em razão do nascimento e da capacidade. Coisas que elas pensam que lhes faltam, por mais que sejam sem importância; pois, mesmo assim, deliberadamente, escolhem fazê-las. [29] Coisas que são fáceis de realizar, por serem fáceis são possíveis, são aquelas em que todos, ou a maioria das pessoas, ou, ainda, os que são iguais ou inferiores, tiveram sucesso. Coisas que irão agradar os amigos ou incidir ódio nos inimigos. Todas as que admiram e escolhem deliberadamente fazer. Aquelas coisas para as quais as pessoas são naturalmente espertas ou por meio da experiência, pois pensam ter sucesso com elas mais facilmente. Coisas que nenhum homem maldoso faria, pois isso os torna ainda mais louváveis. Também tudo o que se deseja, pois isso parece não apenas agradável, mas também melhor.

[30] Por último, e acima de tudo, cada um considera bom tudo aquilo que é objeto de seu gosto pessoal; como a vitória para quem gosta de vencer, a honra para o ambicioso, o dinheiro para o avarento, e assim por diante. Estas são, então, as premissas das quais devemos extrair nossos argumentos com referência ao bem e ao conveniente.

7

Contudo, visto que as pessoas concordam, muitas vezes, que ambas as coisas são convenientes, mas discordam sobre qual delas é a mais conveniente, devemos em seguida falar sobre o bem maior e o mais conveniente.

[2] Seja dito, então, que uma coisa é excedente quando é tão grande ou ainda maior, e excedida quando está contida na outra. "Maior" e "mais" são sempre relacionados com "menos"; porém, "grande" e "pequeno", "muito" e "pouco" têm relação com a grandeza das coisas: o "grande" é aquilo que a excede e o "pequeno" aquilo que fica abaixo; da mesma forma, isso acontece com "muito" e "pouco".

[3] Além disso, chamamos de bom aquilo que é preferível em si e por si, não por outra coisa; todas as coisas que são cobiçadas; aquilo que todo ser com razão e sabedoria escolheria; o que produz ou protege o que é bom ou as coisas que decorrem disso; aquilo que é feito em razão de um propósito, sendo o propósito a causa pela qual todo o resto é feito; é bom para cada indivíduo aquilo que relativamente lhe apresenta essas condições; então, necessariamente, a maior quantidade de coisas boas é um bem maior do que apenas uma coisa ou uma menor quantidade, desde que sejam da mesma natureza, pois a maior quantidade as excede e a menor é excedida. [4] Se a maior quantidade de uma coisa supera a maior quantidade de outra coisa, sendo essas de naturezas diferentes, a primeira superará a segunda, e sempre que uma qualidade supera a outra, a maior da primeira superará a maior da segunda. Por exemplo, se o maior homem supera a maior mulher, então os homens em geral são maiores do que as mulheres, e se os homens em geral são maiores do que as mulheres, o maior homem superará a maior mulher, pois a superioridade das qualidades e a superioridade das suas maiores características são proporcionais.

[5] O mesmo acontece quando uma coisa boa é consequência de uma segunda coisa, mas

esta não é consequência daquela – essa consequência pode ser simultânea, sucessiva ou potencial, pois o uso da segunda coisa está contido na primeira. Assim, a vida é consequência simultânea da saúde, mas a saúde não é consequência da vida; o conhecimento é consequência posterior da aprendizagem, mas a aprendizagem não é do conhecimento; o simples roubo é consequência potencial do sacrilégio, pois quem cometeu um sacrilégio também irá roubar.

[6] As coisas que excedem o que é maior de outra coisa também são maiores do que essa outra coisa; pois também devem ser superiores ao maior. [7] As coisas que geram um bem maior são maiores; pois isso foi o que tratamos ao falar de coisas geradoras de algo maior. O mesmo acontece com aquilo que é produzido por uma causa maior; pois se o que gera saúde é mais desejável do que aquilo que gera prazer e um bem maior, então a saúde é um bem maior do que o prazer. [8] Aquilo que é mais desejável por si mesmo é superior ao que não é; por exemplo, a força é um bem maior do que a saúde, pois a saúde não é desejável por si só, enquanto que a força é; esse era o significado de algo ser bom. [9] O fim é um bem maior daquilo que não é um fim, pois este é desejável por conta de outra coisa e aquele por si mesmo; por exemplo, o exercício físico tem como fim um corpo saudável.

[10] Além disso, o que necessita menos de uma ou várias outras coisas é um bem maior, pois é mais independente; necessitar menos significa precisar de menos coisas ou de coisas mais fáceis. [11] Quando uma coisa não existe ou não pode existir sem a ajuda de outra, mas esta outra pode existir sem aquela, então a que não precisa de ajuda é mais independente e, consequentemente, é vista como um bem maior.

[12] Se uma coisa é o princípio ou a causa de algo, então é um bem maior do que aquela

que não é; pois sem causa ou princípio é impossível que algo exista ou venha a existir. Se há dois princípios ou duas causas, o que resulta do maior princípio ou da maior causa é um bem maior; inversamente, quando há dois princípios ou duas causas, aquilo que é a causa ou princípio da maior é maior.

[13] É claro, então, pelo que foi dito, que uma coisa pode ser de maior importância de duas maneiras: se é um princípio parecerá ser maior, e igualmente se for um fim, mas, entre princípio e fim, este será maior do que aquilo que é um princípio, pois o fim é sempre superior ao princípio. Tal qual Leódamas que, ao acusar Calístrato, declarou que aquele que havia dado o conselho era mais culpado do que aquele que o havia executado, pois não teria havido a ação se não tivesse quem a aconselhasse. Inversamente, ao acusar Cábrias, ele declarou que o executor do conselho era mais culpado do que aquele que o havia dado; pois não teria havido conselho se não tivesse quem o executasse; a razão pela qual se dá conselhos é para que outros possam executá-los[16].

[14] O que é mais raro é um bem maior do que o que é abundante, como o ouro em relação ao ferro, cuja posse é mais valiosa, embora seja menos útil, visto que é mais difícil de adquirir. (Sob outra perspectiva, o que é abundante deve ser preferível ao que é raro, porque sua utilidade é maior, pois "muitas vezes" supera "raramente"; por isso o ditado: "O melhor é a água"[17].)

[15] De modo geral, o que é mais difícil é maior do que é mais fácil, pois é mais raro; mas, sob outra perspectiva, o que é mais fácil é preferível ao que é mais difícil, pois corresponde ao que desejamos. [16] É também um bem maior aquilo cujo oposto ou cuja privação é maior. A virtude supera o que não é virtude e o vício o que não é vício, pois vir-

tudes e vícios são fins, os seus opostos não. [17] São maiores aquelas coisas cujas obras são mais nobres ou mais vergonhosas; também são maiores as obras cujos vícios e virtudes são maiores, pois assim como há a relação entre as causas e os princípios comparados com os resultados, também há a mesma relação entre os resultados comparados com as causas e os princípios. [18] As coisas cuja superioridade é mais desejável ou mais nobre devem ser bens maiores; por exemplo, ter uma visão aguçada é preferível a ter um olfato aguçado (pois a visão é melhor do que o olfato). Amar aos amigos é mais nobre do que amar ao dinheiro, dando-se o fato que o amor aos amigos é mais nobre do que o amor ao dinheiro. Por outro lado, quanto melhor e mais nobre for uma coisa, melhor e mais nobre será sua superioridade; [19] da mesma forma, aquelas coisas cujos desejos são mais nobres e melhores, pois desejos maiores são direcionados a coisas maiores. Pela mesma razão, quanto melhor e mais nobre for a coisa, melhores e mais nobres serão os desejos.

[20] Quando as ciências são mais nobres e mais apreciadas, mais nobres e apreciados são seus atos, pois assim como é a ciência, assim é a verdade. Cada ciência tem seu próprio domínio, e as ciências das coisas mais nobres e apreciadas são análogas pelas mesmas razões. [21] Aquilo que os homens prudentes – todos, a maioria ou os melhores – julgariam ou teriam julgado ser um bem maior deve, necessariamente, sê-lo; seja em absoluto, seja na medida da sensatez em que julgaram. O mesmo pode ser dito em relação a tudo o mais, pois a natureza, a quantidade e a qualidade das coisas são as que seriam definidas pela ciência e pela prudência. Mas temos dito ao que se aplica apenas a bens, pois definimos como bem tudo aquilo que cada um escolheria se possuísse sensatez; evidentemente, é um bem maior aquilo que a sensatez mais designa.

[22] Preferível, também, é aquilo que os melhores homens possuem, seja em absoluto, seja na medida em que são melhores; por exemplo, a coragem é melhor do que a força. Do mesmo modo, é aquilo que o melhor homem escolheria, seja em absoluto, seja na medida em que é melhor; por exemplo, é melhor sofrer injustiça do que cometê-la, pois é isso que o homem mais justo escolheria. [23] O mais agradável é maior do que o menos agradável, pois todas as coisas buscam o prazer e por ele mesmo se deixam seduzir; é por meio dessas condições que o bem e o fim foram definidos. É mais agradável o prazer que causa menos dor e que dura mais tempo. [24] O mais nobre é melhor do que o menos nobre, pois o nobre é aquilo que é agradável ou desejável por si mesmo. [25] Todas as coisas pelas quais os homens mais desejam ser responsáveis, para si mesmos ou para seus amigos, são bens maiores, e as coisas que menos desejam são os males maiores. [26] As coisas duráveis são preferíveis às que são de menor duração, e as mais seguras às que são menos seguras; pois o tempo aumenta o uso das duráveis e o desejo das mais seguras; podemos fazer maior uso de coisas que são seguras quando as desejamos.

[27] Assim como se seguem as correlações de coordenadas e formas semelhantes, seguem-se também as demais coisas; por exemplo, se uma maneira corajosa é mais nobre e mais preferível a uma maneira moderada, então a coragem é preferível à moderação, sendo melhor ser corajoso do que ser moderado. [28] O que todos escolhem é melhor do que aquilo que nem todos escolhem; e o que a maioria escolhe é melhor do que a minoria escolhe, pois, como já dissemos, o bem é aquele que todos desejam e, consequentemente, quanto mais desejado, maior é um bem. O mesmo se aplica a bens que os oponentes ou os inimigos, os que

julgam ou aqueles que são por eles julgados, preferem, pois num caso seria, por assim dizer, o veredicto de todos, e no outro caso, das autoridades e dos entendedores. [29] É maior, algumas vezes, um bem do qual todos participam, pois é uma desonra não participar; outras vezes, um bem do qual ninguém ou poucos participam, pois é mais raro. [30] E coisas que são mais dignas de elogio, pois são mais nobres. Da mesma forma, coisas cujas honras são maiores, pois a honra é uma espécie de recompensa, e coisas cujas punições são maiores. [31] São maiores as coisas que podem ser reconhecidas ou parecem ser grandes. Também as mesmas coisas que parecem maiores quando divididas em partes, pois parecem ser superiores a um maior número de coisas. Razão pela qual o poeta diz que Meléagro foi persuadido a se levantar e lutar com as seguintes palavras: "Quantos males sobrevêm aos homens cuja *pólis* é tomada: o povo perece, o fogo destrói totalmente a *pólis* e estranhos levam os filhos"[18]. A combinação e a acumulação, como empregadas por Epicarmo, produzem o mesmo efeito pela mesma razão que a divisão (pois a combinação mostra uma grande superioridade), parecendo ser a origem e a causa de grandes coisas.

[32] Visto que o mais difícil de obter e mais raro é maior, segue-se que as ocasiões, as idades, os lugares, os tempos e as capacidades produzem grandes efeitos, pois se alguém faz coisas além de sua capacidade, de sua idade e do que seus semelhantes poderiam fazer, e se elas forem feitas de tal maneira, em tal lugar e em tal tempo, terão a grandeza das coisas que são nobres, boas, justas e contrárias a ele. Por essa razão, a epigrama sobre o vencedor olímpico diz: "Antigamente, com um jugo áspero nos ombros, costumava carregar peixes de Argos para Tegeia"[19], e Ifícrates elogiou a si mesmo, dizendo de onde começou. [33] O natural é um bem maior do

que o adquirido, porque é mais difícil. Por isso, diz o poeta: "Eu sou autodidata"[20].

[34] A maior parte do que é grande é mais desejável; como disse Péricles, em sua oração fúnebre, que a juventude tinha sido aniquilada da *pólis* como se do ano a primavera tivesse sido arrancada. [35] São maiores as coisas que são úteis em maior necessidade, como na velhice e nas doenças. Entre duas coisas, é preferível aquela que está mais perto do fim. O que é útil para o indivíduo é preferível ao que é útil em absoluto; o que é possível ao que é impossível, pois é o possível que nos é útil, não o impossível. E aquelas coisas que pertencem ao fim da vida, pois as coisas próximas do fim são mais como fins. [36] As coisas que se referem à verdade são preferíveis àquelas que se referem à opinião, isto porque as últimas são definidas como aquelas que um homem não escolheria se passassem despercebidas por outros, que poderia parecer melhor receber um benefício a fazê-lo; assim, seria escolhido o primeiro, mesmo passando despercebido, ao passo que não se escolheria fazer um benefício se fosse provável que permanecesse desconhecido.

[37] Também devem ser preferidas as coisas que os homens desejam mais em realidade do que em aparência, porque estão mais perto da verdade; portanto, costuma-se dizer que a justiça é de pouca importância, porque as pessoas preferem mais parecer justas do que ser justas; não é esse, entretanto, o caso da saúde. [38] O mesmo pode ser dito de coisas que servem a vários fins; por exemplo, aqueles que nos ajudam a viver, a viver bem, a sentir prazer e a praticar ações nobres; por esta razão, tanto a riqueza quanto a saúde parecem ser os maiores bens, pois têm todas essas vantagens. [39] Aquilo que está mais livre de dor e acompanhado de prazer é um bem maior, pois é mais de um bem, visto que

o prazer e a ausência de dor combinados são bens. De dois bens, o maior é aquele que, somado a ele mesmo, torna o todo maior. [40] As coisas cuja presença não passa despercebida são preferíveis às que passam despercebidas, porque se aproximam mais da verdade; por isso, ser rico parece ser um bem maior do que aparentá-lo. [41] Aquilo que é mais apreciado, ou por ser único, ou por estar acompanhado de outras coisas, é um bem maior. Por isso a punição não é a mesma para quem cega um caolho e para quem cega alguém que usa os dois olhos; pois, no primeiro caso, o homem foi privado daquilo que mais apreciava.

Falamos, então, quase todas as premissas das quais é necessário tirar as provas para persuadir e dissuadir.

8

De todos esses meios, o mais importante e mais eficaz para a capacidade de persuadir e de aconselhar bem é conhecer todas as formas de governo e distinguir a característica, o uso e a utilidade de cada uma; [2] pois todos são persuadidos por aquilo que é conveniente, e é conveniente aquilo que preserva a forma de governo. Além disso, é soberana a declaração de autoridade de que tem o poder, e os diferentes tipos de autoridade são distinguidos de acordo com as formas de governo; pois a quantidade de formas de governo é proporcional à quantidade de autoridades.

[3] São quatro as formas de governo: democracia, oligarquia, aristocracia e monarquia, de modo que a autoridade suprema e decisória seja uma parte delas ou elas inteiras.

[4] A democracia é uma forma de governo em que os cargos são distribuídos pelo povo entre si por sorteio; em uma oligarquia, por aqueles que se baseiam nas posses de propriedades;

em uma aristocracia, pelos que se baseiam na educação – por educação quero dizer a que está prevista na lei –, pois em uma aristocracia governam os que permaneceram fiéis ao que a lei prescreve e que devem necessariamente parecer melhores, por isso essa forma de governo recebeu esse nome[21]. Em uma monarquia, como seu nome indica, um só homem é soberano sobre todos[22], e dentre as monarquias é chamada de reino aquela que exerce poder sujeito a certas ordens, e de tirania a que exerce sem limites.

[5] Não nos deve passar despercebido o fim de cada uma dessas formas de governo, pois as coisas são escolhidas de acordo com seu fim. Bem, o fim da democracia é a liberdade, da oligarquia é a riqueza, da aristocracia são as coisas relativas à educação e às leis, da tirania é a autoproteção. É claro, então, que devemos distinguir as características, os usos e as utilidades de cada fim, uma vez que é em referência a ele que as escolhas se fazem. [6] Mas como as provas são estabelecidas não apenas por argumentos epitídicos, mas também por argumentos éticos (pois confiamos em um orador que exibe certas qualidades; ou seja, se parece ser bom, amigável ou ambos), devemos dominar as características de cada forma de governo, pois o caráter de cada uma delas é necessariamente o seu elemento mais persuasivo. Essas características serão entendidas da mesma forma, pois elas se revelam de acordo com a conduta moral, e esta tem como referência o fim.

[7] À medida que convém ao assunto da presente ocasião, foram declarados quais devem ser os fins, sejam futuros ou presentes, daqueles que aconselham; de quais premissas eles devem derivar suas provas e, além disso, as formas e meios de obter conhecimento para lidar com as características e utilidades de cada forma de governo; isso foi discutido em detalhes na *Política*.

9

A seguir vamos falar sobre a virtude, o vício, o nobre e o vergonhoso, já que esses são os objetivos de quem elogia e de quem censura; ao falar sobre eles será mostrado, ao mesmo tempo, os meios pelos quais deveremos ser considerados de certo caráter, que é um segundo método de prova. É através deles que seremos capazes de inspirar confiança em nós mesmos ou nos outros no que diz respeito à virtude. [2] Mas, como acontece muitas vezes, as pessoas louvam, de maneira séria ou não, não só um homem ou um deus, mas também seres inanimados ou qualquer outro animal por mero acaso; por isso devemos, igualmente, considerar as premissas relativas a esses assuntos. Vamos, portanto, discutir sobre tais assuntos, pelo menos a título de exemplo.

[3] O nobre é aquilo que, sendo desejável por si mesmo é, ao mesmo tempo, digno de louvor; ou aquilo que, sendo bom, é agradável porque é bom. Se é nobre, então a virtude deve necessariamente ser nobre, e, sendo boa, é digna de louvor.

[4] A virtude é, ao que parece, uma capacidade de gerar e preservar coisas boas e uma capacidade de produzir muitos e grandes benefícios, de todas as coisas e em todos os casos. [5] Os elementos da virtude são justiça, coragem, prudência, generosidade, magnanimidade, desprendimento, sensatez e sabedoria. [6] As maiores virtudes são necessariamente aquelas que são mais úteis para os outros, uma vez que a virtude é a capacidade de fazer o bem. Por essa razão são mais honrados os justos e os corajosos; isto porque a coragem é útil aos outros na guerra, e a justiça é útil na guerra e também na paz. Em seguida vem o desprendimento, pois quem o possui empresta dinheiro e não disputa riquezas, que é o principal objeto de cobiça de outros homens.

[7] A justiça é uma virtude que atribui a cada um o que lhe é devido conforme a lei; a injustiça retém as coisas que pertencem a outro, em oposição à lei. [8] A coragem faz os homens praticarem atos nobres em meio aos perigos, como ordena a lei e em obediência a ela; o oposto é a covardia. [9] A prudência é uma virtude pela qual nos conduzimos em relação aos prazeres do corpo, de acordo com o que a lei ordena; o oposto é a depravação. [10] O desprendimento é a virtude de fazer o bem com o dinheiro; o oposto é a ganância. [11] A magnanimidade é a virtude geradora de coisas muito benéficas; o oposto é a mesquinhez. [12] A generosidade é a virtude que produz grandeza em questões de recursos; seus opostos são a mesquinhez e o canalhismo. [13] A sensatez é a virtude da razão que permite tomar uma decisão adequada sobre coisas boas e más, que foram mencionadas em relação à felicidade.

[14] Até o momento já foi dito o suficiente sobre a virtude e o vício, tanto no geral como em suas partes. Quanto ao restante, não é difícil observar, pois é evidente que tudo o que produz a virtude é necessariamente nobre (porque tende para a virtude); assim também deve ser o que procede da virtude, pois são seus sinais e resultados. [15] Mas, visto que são nobres os sinais de virtude e as coisas que são resultados ou experiências de um homem bom, é necessário que todos os resultados ou os sinais de coragem também sejam nobres, assim como os atos praticados de forma corajosa. O mesmo pode ser dito de coisas e de ações justas (mas não as experiências, pois somente nestas, entre as virtudes, nem sempre é nobre o que é feito com justiça, sendo mais vergonhoso ser punido de forma justa do que de forma injusta). Também a mesma coisa acontece com as outras virtudes.

[16] Também são nobres as coisas para as quais a recompensa é a honra, aquelas que objetivam mais a honra do que o dinheiro, como também aquelas coisas desejáveis que um homem não faz para si mesmo. [17] Além disso, as coisas que são absolutamente nobres, como as que um homem faz por sua pátria, omitindo-se de seus próprios interesses. Há coisas que são nobres por natureza e outras que não são nobres, pois visam somente o individual; estas são inspiradas por motivos egoístas. [18] É nobre aquilo que é possível a um homem possuir depois da morte, mais do que durante sua vida, pois neste último caso envolve egoísmo. [19] Também são nobres todos os atos praticados em benefício dos outros e todos os sucessos obtidos não para si mesmo, mas para os outros e para os benfeitores, pois isso é justiça. Igualmente todos os atos de beneficência, pois não são egoístas. [20] E as coisas opostas daquelas que nos envergonham; às coisas faladas, feitas e intencionadas; por exemplo, Safo que, diante destas palavras de Alceu: "Quero dizer algo, mas a vergonha me impede", replicou: "Se tivesses desejado o que era bom ou nobre e não tivesses movido tua língua para proferir nenhum mal, a vergonha não te dominaria os olhos, mas terias falado sobre o que é justo".

[21] Também são nobres as coisas pelas quais os homens lutam sem medo, pois eles são afetados pelos bens que conduzem à boa reputação. [22] As virtudes e as ações são mais nobres quando procedem daqueles que são mais dignos por natureza; por exemplo, que procedem de um homem ao invés de uma mulher. [23] É o mesmo com as causas que são mais proveitosas para os outros do que para nós mesmos; por isso, o justo e a justiça são nobres. [24] Vingar-se dos inimigos é mais nobre do que reconciliar-se com eles, pois é justo pagar na mesma moeda, e o que é justo é nobre. Além disso,

um homem corajoso não se permite ser vencido. [25] A vitória e a honra igualmente são nobres; pois ambas são desejáveis, mesmo quando não são proveitosas, além de manifestarem uma virtude superior. Também o são os atos memoráveis; quanto mais memoráveis, mais nobres.

Ainda são nobres aqueles atos que nos seguem após a morte, os que são acompanhados de honra, os extraordinários e os que pertencem só a um indivíduo, porque são mais fáceis de lembrar. [26] Também as posses não proveitosas; pois elas são mais dignas de um homem livre. Os costumes que são peculiares a cada povo e os sinais que são estimados entre eles são, também, nobres; por exemplo, na Lacedemônia é nobre usar o cabelo comprido, pois é um sinal de um homem livre; o desempenho de qualquer tarefa servil não é nada fácil para quem tem o cabelo comprido. [27] Não exercer nenhuma profissão vulgar é nobre, pois um homem livre não vive na dependência de outro.

[28] No que diz respeito ao elogio ou à censura devemos assumir que as qualidades reais e as qualidades que se assemelham às reais são idênticas; por exemplo, o homem cauteloso é frio e calculista, o homem simples é honesto e o homem insensível à dor é gentil. [29] E, em cada caso, devemos aproveitar essas qualidades semelhantes sempre no sentido mais favorável; por exemplo, mostrar o homem furioso e exaltado como franco, o homem arrogante como magnificente e digno, aqueles que passam dos limites como possuidores de virtudes, o homem destemido como corajoso ou o depravado como um homem livre. Pois assim parecerá à maioria das pessoas, e, ao mesmo tempo, um paralogismo[23] pode ser extraído do motivo. Se um homem se expõe ao perigo sem necessidade parecerá muito provável que ele fará isso quando o perigo for nobre; se ele é

generoso com todos os que chegam, será também com seus amigos, pois fazer o bem a todos é o excesso da virtude.

[30] Devemos também considerar quem está presente quando se faz um elogio, pois, como dizia Sócrates, não é difícil elogiar atenienses estando entre os atenienses[24]. Também devemos falar do que é honroso entre cada tipo de público (p. ex.: citas, espartanos ou filósofos), como se estivesse presente. De modo geral, aquilo que é honroso deve ser classificado como nobre, visto que ambos, ao que parece, são semelhantes. [31] Igualmente são nobres as ações que são como se espera; se, por exemplo, são dignas dos ancestrais de um homem ou de seus feitos anteriores, pois obter mais honra é nobre e conduz à felicidade. Também as coisas que vão além do que se espera em busca do melhor e mais nobre; por exemplo, se um homem tem sorte moderada, se é generoso mesmo não tendo sorte, ou se, quando se torna maior, ele é melhor e mais piedoso. Este foi o sentido da frase de Ifícrates: "Olha de onde comecei!", do vencedor olímpico: "Antigamente, com um jugo áspero nos ombros, costumava carregar peixes de Argos para Tegeia", e de Simônides: "Ela, cujos pai, marido e irmãos são tiranos".

[32] Visto que o elogio é baseado em ações e que agir de acordo com a conduta moral é característico do homem digno, devemos ser capazes de mostrar que um homem está agindo dessa maneira, sendo útil que pareça que ele agiu assim em várias ocasiões. Por esta razão, também devemos supor que coincidências e casualidades se devem a uma conduta moral; pois se várias ações semelhantes puderem ser apresentadas, elas serão consideradas sinais de virtude e conduta moral. [33] O elogio é um discurso que apresenta a grandeza de uma virtude; portanto, é necessário mostrar que as ações

são virtuosas. Mas o encômio[25] lida com realizações; já as circunstâncias associadas a elas apenas conduzem à persuasão, como a nobreza e a educação; pois é provável que de pais virtuosos nasçam filhos virtuosos e que o caráter de um homem corresponde à educação recebida. Por esse motivo, fazemos um encômio sobre aqueles que realizaram algo. Realizações, de fato, são sinais de conduta moral, pois poderíamos elogiar até mesmo um homem que nada realizou se estivéssemos convencidos de que ele o faria.

[34] O louvor e a felicitação são idênticos entre si. Porém, não são o mesmo que elogio e encômio, pois eles estão contidos na felicitação do mesmo modo que a virtude está contida na felicidade. [35] O elogio e os conselhos têm um aspecto comum, pois o que se poderia sugerir como conselho torna-se encômio por uma mudança na forma de expressão.

[36] Assim, quando sabemos o que devemos fazer e como devemos ser basta que façamos uma mudança na forma de expressão e a transformemos, para empregar isso como conselho. Como o exemplo de que não devemos nos orgulhar dos bens que são devidos ao acaso, mas dos que são devidos somente a nós mesmos. Dito dessa maneira, tem a força de um conselho, mas se torna um elogio se for dito assim: "Ele se orgulhava, não dos bens que eram devidos ao acaso, mas daqueles que eram devidos somente a ele". Consequentemente, quando quiser elogiar, veja o conselho que poderia dar, e quando quiser aconselhar, veja o que se poderia elogiar. [37] A forma da expressão será necessariamente oposta quando a proibição for transformada em não proibição.

[38] Deve-se também empregar muitos dos meios de amplificação; por exemplo, se um homem agiu sozinho, ou primeiramente, ou com algumas pessoas, ou se foi o principal responsável pela ação; todas essas circunstâncias são nobres. Da mes-

ma forma, meios derivados de tempos e ocasiões, em especial os que superam nossa expectativa. Além disso, se um homem obteve êxito na mesma coisa por várias vezes, pois isso é de grande importância e pareceria ser devido ao próprio homem, e não um resultado do acaso. E se as exortações, as persuasões ou as coisas honrosas foram inventadas e estabelecidas por causa dele, se ele foi o primeiro a quem um encômio foi pronunciado, como Hipóloco, ou a quem uma estátua foi erguida na praça pública, como a Harmódio e Aristógito; igualmente, nos casos opostos. Se ele não fornece material suficiente para ser elogiado deve-se compará-lo a outros, como Isócrates costumava fazer por não estar habituado à oratória forense. Deve-se, porém, compará-lo a pessoas ilustres, pois isso resulta numa amplificação e de que ele é nobre, caso se prove melhor do que os homens de valor.

[39] A amplificação é, logicamente, classificada como uma das formas de elogio, pois consiste na superioridade, e esta é uma das coisas nobres. É por isso que, se não for possível compará-lo a pessoas ilustres, deve-se compará-lo a outros, uma vez que a superioridade parece ser uma indicação de virtude. [40] De maneira geral, entre os tópicos comuns a todos os tipos de argumentos retóricos, a amplificação é a mais adequada aos oradores epitídicos, pois consideram as ações que não são contestadas, de forma que apenas resta atribuir importância e beleza a elas. Os exemplos são mais adequados aos oradores deliberativos, pois é a partir do passado que julgamos e adivinhamos o futuro. Os entimemas são mais adequados aos oradores judiciais, pois o que já aconteceu, por ser difícil de entender, requer sobretudo causa e demonstração.

[41] Assim, foram faladas quase todas as fontes de elogios ou de censuras e também as

coisas pelas quais aqueles que elogiam ou censuram devem ter em vista, além das fontes dos encômios e das repreensões, pois quando essas noções são conhecidas, seus contrários são evidentes, visto que a censura deriva das coisas contrárias.

10

No que diz respeito às acusações e às defesas é necessário que seja falado sobre a quantidade e a qualidade das premissas pelas quais são construídos os silogismos. [2] Deve-se, portanto, considerar três coisas: primeiro, a natureza e o número de motivos pelos quais os homens cometem injustiças; segundo, qual é a condição em que esses mesmos homens se encontram; e terceiro, o caráter e as inclinações daqueles que sofrem a injustiça.

[3] Falemos, então, sobre essas questões na ordem, depois de termos definido o que é agir injustamente. Vamos definir, portanto, que agir de forma injusta é violar voluntariamente a lei. A lei é particular ou geral. Por particular quero dizer a lei que foi escrita de acordo com a forma que se governa; por geral, as regras não escritas para serem universalmente aceitas por todos. Os homens agem voluntariamente quando sabem o que fazem e quando não são forçados. Quando sabem o que fazem, nem tudo é premeditado; mas tudo o que é premeditado sempre é feito com o conhecimento de todos, pois ninguém ignora o que premedita fazer.

[4] Os motivos que levam os homens a violarem as leis e a cometerem ações maldosas com premeditação são a maldade e a intemperança. Pois, se alguns homens têm um ou mais vícios, são injustos precisamente naquilo em que são viciados; por exemplo: o sovina em relação ao dinheiro, o libidinoso em relação aos prazeres corporais, o tímido

em relação ao que facilita a vida, o covarde em relação aos perigos (pois abandonam seus camaradas que estão em perigo por conta do medo), o ambicioso em relação à honra, o furioso em relação à raiva, o que ama vencer em relação à vitória, o rancoroso em relação à vingança, o tolo em relação a confundir o justo com o injusto, o insolente em relação a seu desprezo pela opinião dos outros. Isso se aplica igualmente a todos os outros homens, cada um é injusto em relação à base de seu vício. [5] O que se refere a essas coisas é perfeitamente claro, em parte pelo que já foi dito sobre as virtudes, e em parte pelo que será dito sobre as emoções. Resta-nos, somente, falar sobre os motivos e a natureza daqueles que agem injustamente e daqueles que sofrem com isso.

[6] Primeiramente vamos decidir o que procuram ou o que evitam aqueles que se empenham em cometer injustiça, pois é evidente que o acusador deve examinar o número e a natureza dos motivos que se encontram em seu adversário, que são as coisas desejadas por todos que querem cometer injustiça contra seu próximo; já o réu deve examinar o número e a natureza dos motivos que não se encontram nele. [7] Realmente, todas as ações são o resultado dos esforços do homem ou não. Destes últimos, alguns são devidos ao acaso, outros à necessidade. Daqueles devidos à necessidade, alguns são devidos ao abuso, outros à natureza; desse modo, as coisas que os homens não fazem para si mesmos são resultado do acaso, da natureza ou do abuso. Quanto ao que eles fazem por si mesmos, e dos quais são responsáveis, alguns são resultados do hábito e outros da intenção e, destes últimos, alguns são devidos à intenção racional e outros à intenção irracional.

[8] O desejo é uma intenção racional do que é bom (pois ninguém deseja nada a não ser quando pensa que é bom). As intenções irra-

cionais são a raiva e a ganância; desse modo, todas as ações devem necessariamente ser referidas a sete causas: acaso, natureza, compulsão, hábito, razão, raiva e ganância. [9] Contudo, é redundante estabelecer outras distinções dos atos dos homens com base na idade, hábitos morais ou qualquer outra coisa. Pois se for típico dos jovens serem raivosos ou gananciosos, não é por causa da juventude que agem dessa maneira, mas por causa da raiva e da ganância. Nem é por causa da riqueza ou da pobreza, mas é típico das pessoas pobres desejarem riqueza por falta dela e dos ricos desejarem prazeres desnecessários porque são capazes de obtê-los. Entretanto, no caso deles não agirão por causa da riqueza ou da pobreza, mas da ganância. Da mesma forma, o justo e o injusto, e todos os outros que dizem agir de acordo com seus hábitos morais, agirão pelas mesmas causas, ou pela razão ou pela emoção; alguns por bom caráter e emoções e outros pelas coisas contrárias. [10] Acontece que, certamente, essas ações e esses hábitos morais são seguidos por correspondentes consequências, pois pode ser que, desde o início, o sensato, por sê-lo, desperta boas opiniões e desejos acerca das coisas agradáveis, já o homem insensato produz as coisas contrárias.

[11] Portanto, devemos deixar essas distinções de lado e examinar quais são as consequências habituais de certas condições. Pois, se um homem é branco ou preto, alto ou baixo, nada é determinado para que essas consequências sigam, mas se ele for jovem ou velho, justo ou injusto, já faz diferença. De modo geral, é preciso considerar todas as circunstâncias que tornam o caráter dos homens diferente; por exemplo, fará diferença se um homem se considera rico ou pobre, afortunado ou desafortunado. Sobre isso, contudo, falaremos mais tarde; por enquanto, vamos falar do que resta do atual tema.

[12] Coisas que resultam do acaso são aquelas cuja causa é indefinida, aquelas que acontecem sem um fim aparente e que nem sempre e regularmente acontecem; isso é evidente pela própria definição de acaso. [13] Coisas que são o resultado da natureza são aquelas cuja causa é regular e por conta delas mesmas, pois sempre ou geralmente acontecem da mesma maneira. Quanto às coisas que acontecem de forma contrária à natureza não há necessidade de investigar minuciosamente se sua ocorrência se deve a uma determinada força da natureza ou a alguma outra causa. [14] Pois poderia parecer que o acaso é também a causa de tais situações. Essas coisas são o resultado do abuso que é feito em oposição à ganância ou à razão daqueles que as praticam. [15] As coisas são resultado do hábito quando já foram feitas muitas vezes. [16] São o resultado da razão quando, em relação às coisas boas mencionadas, parecem convenientes, seja como um fim, seja como um meio para um fim, desde que o façam por conveniência; pois até mesmo os insensatos fazem certas coisas que são convenientes, não por uma questão de conveniência, mas de prazer. Os atos de vingança são causados pela paixão e pela raiva. [17] Mas há uma diferença entre vingança e punição, pois a punição é aplicada no interesse de quem a sofre e a vingança no interesse de quem vinga, para que possa obter satisfação.

[18] Definiremos raiva quando falarmos das emoções. A ganância é a causa de coisas feitas que parecem agradáveis. As coisas que são habituais e às quais nos familiarizamos estão entre as coisas agradáveis, pois os homens fazem, com prazer, muitas coisas que não são naturalmente agradáveis, quando se acostumam com elas. De forma que todas as coisas que os homens fazem por si próprios são bons e agradáveis, ou parecem ser; e visto que os homens fazem voluntariamente o que fazem por si mesmos

e involuntariamente o que não fazem por si mesmos segue-se que todas as coisas que os homens fazem voluntariamente serão boas e agradáveis ou parecerão tais. Pois incluo, entre as coisas boas, a remoção das coisas más ou que parecem más, ou a troca de um mal maior por um menor, pois de certo modo são desejáveis. Da mesma maneira incluo entre as coisas agradáveis a remoção das coisas dolorosas ou que parecem dolorosas e a troca de uma dor maior por uma menor. Devemos, em seguida, considerar o número e a natureza das coisas convenientes e agradáveis. [19] Sobre o conveniente já falamos anteriormente ao discutir a retórica deliberativa[26]; vamos falar agora do agradável. Que essas definições sejam consideradas suficientes em cada caso, desde que não sejam difíceis de compreender nem muito precisas.

11

Vamos pressupor que o prazer é uma certa comoção da alma, um regresso súbito e perceptível a seu estado natural, e a dor o oposto. [2] Se essa for a natureza do prazer, evidentemente aquilo que produz os aspectos que acabamos de mencionar é agradável e aquilo que os destrói ou produz seus contrários é doloroso.

[3] Portanto, no geral, é necessário que seja agradável atingir um estado natural, especialmente quando as coisas que estão de acordo com ela recuperam a sua própria natureza. O mesmo acontece com os hábitos, pois aquilo que se tornou habitual torna-se, em certa medida, natural; na verdade, o hábito é algo semelhante à natureza, pois o que acontece frequentemente está próximo do que acontece sempre; assim, a natureza pertence à ideia de sempre e o hábito à de frequentemente).

[4] Aquilo que não é forçado também é agradável, pois a obrigação é contrária à natu-

reza. Por isso, o necessário é doloroso e foi dito com razão: "Pois todo ato feito por necessidade é desagradável"). As preocupações, os empenhos e os esforços intensos também são dolorosos, pois envolvem necessidade e obrigação, caso não sejam habituais, pois, senão, o hábito os tornaria agradáveis. Coisas opostas a isso são agradáveis; portanto, a tranquilidade, a ausência de aflição, a indiferença, a diversão, o repouso e o sono estão entre as coisas agradáveis, porque nenhuma delas é feita por necessidade.

[5] Tudo o que desejamos em nós é agradável, pois o desejo é um anseio pelo agradável. Bem, dentre os desejos, uns são irracionais e outros racionais. Chamo de irracionais os que não são resultado da compreensão, todos aqueles chamados de naturais; por exemplo, os que existem por causa do corpo – como o desejo de comida, a sede, a fome; o desejo de um tipo de comida em particular, os desejos ligados ao paladar, aos prazeres sexuais, e, geralmente, ao tato, ao olfato, à audição e à visão. Chamo de racionais aqueles que são o resultado da persuasão, pois há muitas coisas que desejamos ver e adquirir porque ouvimos falar delas e ficamos convencidos de que são agradáveis.

[6] Como o prazer consiste em sentir uma certa emoção e a imaginação é uma espécie de sensação enfraquecida, tanto aquele que lembra quanto aquele que tem esperança serão acompanhados por uma imaginação da coisa que lembra ou pela qual tem esperança. Sendo assim, é evidente que há prazer tanto para quem lembra quanto para quem tem esperança, visto que também há uma sensação. [7] Portanto, todas as coisas agradáveis são necessariamente sensações do presente, lembranças do passado ou esperanças do futuro, pois sentimos o presente, lembramos o passado e temos esperança no futuro. [8] Logo, nossas lembranças são agradáveis,

não apenas as que eram agradáveis quando existiam, mas também algumas que não eram agradáveis mas suas consequências se mostraram nobres e boas; por isso se disse: "Sem dúvida, é agradável lembrar as dores estando salvo"[27] e "O homem sente prazer até mesmo em seus sofrimentos quando as recorda, ele que muito sofreu e muito realizou"[28].

[9] A razão disso é que até mesmo estar livre do mal é agradável. As coisas pelas quais temos esperança são agradáveis quando sua presença parece nos proporcionar uma grande alegria, uma vantagem ou uma utilidade sem o acompanhamento de dor. Em geral, todas as coisas que proporcionam prazer por sua presença também proporcionam prazer quando são objetos de esperança ou quando nos lembramos delas. Portanto, até a ira é agradável, pois essa emoção é "muito mais doce do que o mel que goteja", como disse Homero[29], pois ninguém sente ira contra aqueles que não podem ser atingidos por sua vingança e não se sente ira, ou sente-se menos ira, contra os que são muito mais poderosos.

[10] Os desejos, em sua maioria, são acompanhados de um certo prazer, pois a lembrança de um passado ou a esperança de um futuro faz com que o homem desfrute de um certo prazer; por exemplo, os que sofrem de febre e atormentados pela sede desfrutam da lembrança de terem bebido e da esperança de que beberão novamente. [11] Também os apaixonados que sempre têm prazer em falar, escrever e criar algo relacionado à pessoa amada, pois em todas essas situações a memória faz com que eles acreditem estar na presença de quem amam. O início do amor sempre é assim para todos: são felizes não só na presença da pessoa amada, mas também em lembrar dela quando está ausente, mesmo que sua ausência seja dolorosa. Até mesmo no luto e nas lamentações há um certo prazer; [12] pois a

dor é devida à sua ausência, mas há prazer em lembrar e em ver, por assim dizer, como era e as coisas que fazia. Portanto, com razão foi dito o seguinte: "Assim falou, e em todos despertou o desejo de chorar"[30]. [13] Vingar-se também é agradável, pois se é doloroso não ter sucesso, é agradável tê-lo; aqueles que estão irritados ficam profundamente magoados quando não conseguem se vingar, enquanto a esperança disso os alegra. [14] Também é agradável a vitória, não só para aqueles que amam vencer, mas para todos, pois é produzida uma imagem de superioridade que todos desejam, levemente ou muito. [15] Já que a vitória é agradável, os jogos de luta são necessariamente agradáveis, como também os debates, pois frequentemente é obtida a vitória neles. Nisso podemos incluir os astrágalos[31], jogos com bola, dados e damas. O mesmo com os jogos que requerem esforço, pois alguns se tornam agradáveis quando se está habituado a eles e outros são agradáveis desde sempre, como a caça com cães e todas as artes que envolvem a caça, pois, onde há disputa há vitória. É por isso que a ciência do direito e os debates são agradáveis para quem está acostumado com eles e para quem tem a capacidade de usá-los.

[16] A honra e a boa reputação estão entre as coisas mais agradáveis, porque cada um imagina possuir as qualidades de um homem digno, ainda mais quando outras pessoas consideram que ele diz a verdade. Essas pessoas são mais os vizinhos do que aqueles que vivem distantes, os familiares, preferivelmente os concidadãos do que desconhecidos, os atuais conhecidos em vez daqueles que se conhecerá, o sensato em vez do insensato e os muitos em vez dos poucos, pois tais pessoas têm mais probabilidade de dizerem a verdade do que suas opostas. Quanto àqueles por quem os homens sentem grande desprezo, como crianças e animais, eles não têm interesse pela honra

ou reputação desses, ou, se o têm, não é por conta da reputação, mas por algum outro motivo.

[17] O amigo também está entre as coisas agradáveis, pois é agradável estimar alguém (ninguém estima o vinho a menos que tenha prazer nele), assim como é agradável ser estimado. Igualmente neste caso o homem tem a impressão de que é realmente possuidor de boas qualidades, algo desejado por todos dotados de sentimentos; ser amado é ser apreciado por si mesmo. [18] É agradável ser admirado pela mesma razão que receber honras. A bajulação e o bajulador também são agradáveis, pois o bajulador é um aparente admirador e um aparente amigo. [19] É agradável fazer as mesmas coisas várias vezes, pois o hábito é agradável, como já dissemos.

[20] A mudança também é agradável, pois ela é aplicada de acordo com a natureza, pois fazer sempre a mesma coisa cria um excesso da ordem estabelecida, de onde foi dito: "Doce é a mudança de todas as coisas"[32]. É por isso que aquilo que se vê periodicamente, sejam homens ou coisas, é agradável, pois há uma mudança em relação ao presente e, ao mesmo tempo, é raro. [21] O aprendizado e a admiração geralmente são agradáveis, pois na admiração está o desejo de aprender, de modo que aquilo que causa admiração é desejado, e no aprendizado se retorna ao que está em seu estado natural. [22] Fazer o bem e recebê-lo é igualmente agradável; receber o bem é precisamente o que se deseja, e fazê-lo é a posse de meios mais do que suficientes – essas duas coisas são cobiçadas. Uma vez que é agradável fazer o bem, também deve ser agradável para os homens restaurar o próximo e suprir suas necessidades. [23] E, visto que o aprendizado e a admiração são agradáveis, todas as coisas relacionadas a eles também devem ser agradáveis; por exemplo, uma imitação, como uma pintura, uma escultura, uma poesia e tudo o

que é bem-imitado, mesmo que o objeto de imitação não seja em si agradável, pois não é isso que causa prazer, mas o raciocínio de que ambos são idênticos, de modo que o resultado é que aprendemos alguma coisa. [24] O mesmo pode ser dito das reviravoltas e salvar-se por pouco dos perigos, pois todas essas coisas despertam admiração.

[25] Uma vez que aquilo que está de acordo com a natureza também é agradável e as coisas da mesma espécie estão de acordo com a natureza entre si, todas as coisas da mesma espécie e semelhantes são, na maior parte das vezes, agradáveis umas às outras, como o homem ao homem, o cavalo ao cavalo, o jovem ao jovem. Esta é a origem de onde foram escritos os provérbios: "Cada um se alegra com aquele que tem a mesma idade", "Busca-se sempre o semelhante", "As feras conhecem as feras", "A gralha com a gralha" e todos os outros provérbios semelhantes. [26] E já que as coisas da mesma espécie e semelhantes são sempre agradáveis umas às outras e cada homem no mais alto grau sente isso em relação a si mesmo, todos os homens são, necessariamente, mais ou menos amantes de si mesmos, pois é nele mesmo, acima de tudo, que todas essas condições devem ser encontradas. Visto que todos os homens são amantes de si mesmos, segue-se que todos encontram prazer no que é seu, como em suas obras e palavras. É por isso que os homens, em geral, gostam daqueles que os bajulam, dos que os estimam, das honras e de seus filhos, pois estes são obras suas. Também é agradável completar aquilo que está incompleto, [27] pois a obra passa a ser de quem a concluiu. E uma vez que é muito agradável comandar, também é agradável ser considerado sábio, pois a sensatez é própria do comando e a sabedoria é a ciência de muitas e admiráveis coisas. Além disso, visto que os homens geralmente são ambiciosos, segue-se que tam-

bém é agradável criticar e comandar o próximo. [28] Se um homem parece ser o melhor em alguma coisa, ele gosta de dedicar seu tempo a isso; como diz o poeta: "Nisto cada um se esforça e segue nessa direção de dedicar a maior parte de cada dia para conseguir, por acaso, ser o melhor de si mesmo"[33].

[29] Da mesma forma, visto que a diversão, todo tipo de relaxamento e o riso são coisas agradáveis, as coisas ridículas – homens, palavras ou ações – também devem ser agradáveis. O ridículo foi discutido separadamente na *Poética*. Portanto, eis o que tínhamos a dizer sobre as coisas que são agradáveis; as dolorosas, por sua vez, são óbvias porque são opostas às agradáveis.

12

Estas são as razões pelas quais se comete injustiça. Agora vamos falar como são aqueles que cometem injustiça e os que sofrem com ela. Os homens a cometem quando pensam que ela pode ser feita e que pode ser feita por eles; quando pensam que sua ação não será descoberta ou, se descoberta, ficará impune; ou, se forem punidos, pensam que a punição será menor do que o lucro para eles próprios ou para aqueles de quem cuidam.

[2] Quanto ao tipo de coisas que parecem possíveis ou impossíveis vamos discuti-las mais adiante, pois são comuns a todos os gêneros de discurso. Os homens que pensam ser capazes de cometer injustiça impunemente são os eloquentes, os práticos, os experientes por conta de muitos processos, se tiverem muitos amigos e se forem ricos. [3] Os que se encontram nas categorias acima são sobretudo aqueles que pensam ter uma maior capacidade de cometer injustiça ou, então, se tiverem amigos, servos ou cúmplices que se encontram nessas con-

dições, pois, graças a elas, são capazes de agir sem serem descobertos e sem receberem punição.

[4] Da mesma forma, se forem amigos dos que estão sofrendo injustiça ou dos juízes, pois os amigos não estão protegidos de serem injustiçados e, além disso, preferem a reconciliação antes de recorrerem aos tribunais; os juízes favorecem aqueles que são seus amigos, deixam-os em completa liberdade ou lhes determinam uma pequena punição. [5] Não são descobertos os que possuem um perfil contrário às acusações; por exemplo, o fraco acusado de agressão ou o pobre e o feio acusados de adultério. Também, se os atos forem feitos às claras e à vista de todos; eles não são evitados porque ninguém pensaria que fossem possíveis.

[6] Além disso, os que são tão grandes e tão graves que ninguém seria capaz de fazê-los, porque esses também não são evitados; todos se protegem contra o que é habitual, como enfermidades e injustiças, mas não se tomam precauções contra uma enfermidade que ninguém jamais sofreu. [7] Quanto aos que não possuem nenhum inimigo ou os que possuem muitos inimigos: os sem inimigos pensam que não serão descobertos porque não são vigiados; os que têm muitos inimigos não são descobertos porque não seria provável atacar quem está vigiado e porque podem se defender alegando que nunca se arriscariam a tentar. [8] Há os que têm uma maneira de se esconder, ou esconderijos, ou plenos recursos à disposição. Existem os que, mesmo sendo descobertos, conseguem anular ou adiar o julgamento, ou mesmo corromper os juízes; também os que, em caso de multa, conseguem evitar ou adiar, por muito tempo, o pagamento, ou, ainda, aquele que não terá nada a perder devido à pobreza. [9] E nos casos em que o ganho é certo, grande ou imediato, enquanto a punição é pequena, incerta

ou distante, ou para quem não recebe uma punição do mesmo modo que um benefício, como parece ser o caso de uma tirania. [10] Existem aqueles para quem os atos injustos são ganhos e a única punição é a desonra, e aqueles para quem, ao contrário, os atos injustos proporcionam um certo elogio; por exemplo, se alguém vinga, ao mesmo tempo, o pai e a mãe – como foi o caso de Zenão –, enquanto a punição envolve apenas perda de dinheiro, exílio ou algo do tipo. Pois, por ambos os motivos – ganho e honra – e em ambas condições mentais os homens cometem injustiças, mas eles não são os mesmos e suas características são exatamente opostas.

[11] Há os que muitas vezes não foram descobertos ou escaparam da punição e os que muitas vezes não tiveram êxito (pois, nesse caso, como nas guerras, sempre há os que estão prontos para retornar à luta). [12] Outros que esperam prazer e ganho imediatamente, enquanto a dor e a perda são posteriores; tais são os intemperantes, e a intemperança aplica-se a todas as coisas pelas quais os homens anseiam. [13] E quando, ao contrário, a dor ou a perda é imediata, enquanto o prazer e o ganho são posteriores e mais duradouros, pois os temperantes e mais sensatos perseguem tais objetivos. [14] Existem aqueles que podem ser reconhecidos por terem agido por acaso, necessidade, por algum impulso natural, hábito, ou, em geral, por terem cometido um erro, e não uma injustiça. [15] Há os que esperam obter tolerância e os que estão em necessidade, sendo de dois tipos: a necessidade do que é essencial, como no caso dos pobres, e a necessidade do que é supérfluo, como no caso dos ricos. [16] Também aqueles que possuem uma ótima reputação e os privados dela; os de ótima reputação não serão suspeitos e os privados de reputação não serão mais suspeitos do que já são.

[17] Essas são, portanto, as condições dos homens que cometem injustiças. Os objetos dessas injustiças são homens nas seguintes circunstâncias: aqueles que possuem o que lhes falta, coisas necessárias, supérfluas ou agradáveis, [18] tanto os que estão longe como os que estão perto; pois, estando longe, as punições são lentas; estando perto, o ganho é rápido, como acontece, por exemplo, com os saqueadores dos cartagineses. [19] Há os que nunca tomam precauções e nunca estão em guarda, mas são confiantes, sendo facilmente pegos de surpresa. Os que são indolentes, pois se esforçam para sair em defesa própria. Os que são tímidos, pois não é provável que briguem por questões de ganho. [20] Também há aqueles que muitas vezes foram injustiçados mas não recorreram aos tribunais, sendo assim "uma presa dos mísios"[34], como diz o provérbio. [21] Também aqueles que nunca, ou muitas vezes, sofreram injustiça, pois ambos estão desprevenidos; uns porque nunca foram injustiçados, outros porque não esperam ser injustiçados novamente. [22] Há os que foram caluniados ou são fáceis de caluniar, pois esses não se preocupam em ir à justiça, por medo dos juízes, nem poderão persuadi-los se forem à justiça; a essa classe pertencem os odiados e os invejados. [23] E aqueles contra quem o acusador pode usar como pretexto que seus ancestrais, eles próprios ou seus amigos cometeram ou pretendiam cometer uma injustiça contra si mesmos, a seus ancestrais ou por quem têm grande consideração, pois, como diz o provérbio, "a maldade só precisa de um pretexto". [24] Há os que se põem contra inimigos e também amigos, pois aos amigos é fácil fazer mal, e aos inimigos, é agradável; contra aqueles que não têm amigos e contra aqueles que não são hábeis em falar ou agir, pois não tentam recorrer ao tribunal, chegam a um acordo ou nada realizam. [25]

Existem aqueles para quem não é vantajoso perder tempo esperando a sentença ou a indenização, como os estrangeiros e os que trabalham em sua própria terra, pois eles se reconciliam por pouca coisa e desistem facilmente dos processos. [26] Há os que cometeram muitas injustiças ou injustiças semelhantes pelas quais estão sofrendo, pois quase parece um ato de justiça quando um homem sofre uma injustiça que ele mesmo estava acostumado a fazer contra os outros; falo, por exemplo, de alguém que agride um homem que costumava maltratar os outros. [27] Há os que nos fizeram mal, pretendiam, pretendem ou estão prestes a fazê-lo, pois isto lhes é agradável e honroso, e parece ser quase um ato de justiça. [28] Há aqueles contra os quais cometemos injustiças a fim de agraciar nossos amigos, pessoas que admiramos, amamos ou nossos mestres; ou seja, aqueles por quem vivemos. [29] Também aqueles em relação aos quais existe uma chance de obter tolerância. Há os que já acusamos ou tivemos uma diferença anterior, como Calipo fez com Díon, pois tais situações parecem quase atos de justiça. [30] Os que serão acusados por outros se não acusarem primeiro, pois já não é possível deliberar; assim, Enesidemo disse ter enviado a Gelão um "prêmio pela vitória no cótabo"[35], por este ter reduzido uma cidade à escravidão e por tê-lo antecipado ao fazer o que ele mesmo pretendia fazer. [31] Há os que, depois de lhes causarmos danos, seremos capazes de lhes praticar muitos atos de justiça, com a ideia de que será fácil reparar o mal; como disse Jasão o Tessálio, às vezes deve-se cometer injustiças a fim de que também se possa fazer muitas coisas justas.

[32] Também são cometidas injustiças que todos os homens, ou a maioria, têm o costume de cometer, pois pensam que serão perdoados por suas ofensas. [33] As coisas roubadas que

são fáceis de esconder, como as que são consumidas rapidamente, as comestíveis; coisas que podem ser alteradas em forma, cor ou composição; coisas para as quais existem muitos esconderijos acessíveis, [34] tais como as que são fáceis de transportar ou possíveis de serem escondidas em lugares pequenos, [35] e aquelas praticadas por quem comete injustiça de modo constante, semelhante ou difícil de distinguir. Aquelas injustiças que as vítimas têm vergonha de revelar, como os ultrajes feitos às mulheres de sua família, a elas mesmas ou a seus filhos. Também aquelas que o apelo à lei pareceria um ato de perseguição, como os erros sem importância ou perdoáveis.

Estas são quase todas as circunstâncias que induzem os homens a cometerem injustiças, a natureza dessas injustiças, além de suas vítimas e suas causas.

13

A partir de agora vamos distinguir todos os atos injustos e justos, observando que ambos já foram definidos, de duas maneiras, em referência a dois tipos de leis e pessoas.

[2] Existem dois tipos de leis: lei particular e lei geral. Chamo de leis particulares aquelas estabelecidas por um povo em relação a si mesmo, divididas em escritas e não escritas; chamo de leis gerais aquelas baseadas na natureza, pois há uma ideia geral de atos justos e injustos baseados na natureza que todos os homens adivinham de certa maneira, mesmo que não haja qualquer acordo ou comunicação entre eles. Por exemplo, é isso que *Antígona*, de Sófocles, evidentemente quer dizer quando declara que é justo enterrar Polinices, porque isso é naturalmente justo, embora seja proibido: "Pois não é de hoje nem de ontem, mas desde toda a eternidade, que essas leis vivem e ninguém sabe de onde vieram"[36].

Como diz Empédocles a respeito de não matar o que tem vida, pelo fato disso não ser justo para uns e injusto para outros, "mas uma lei universal que se estende sem interrupção por todo o vasto céu reinante e a terra sem limites". E também como Alcídamas fala em seu *Messeníaco*[37].

[3] Em relação às pessoas, as leis são divididas em duas; pois o que se deve fazer ou não fazer é definido em relação à comunidade em geral, ou a um de seus membros. Portanto, existem dois tipos de atos justos e injustos, uma vez que podem ser cometidos e praticados contra um determinado indivíduo ou contra a comunidade; logo, aquele que comete adultério ou agressão é culpado de injustiça contra um determinado indivíduo, e aquele que não cumpre os deveres militares é culpado de injustiça contra a comunidade.

[4] Tendo sido assim distinguidos todos os tipos de atos injustos, uns contra a comunidade e outros contra um ou vários indivíduos, vamos retomar o assunto, falando do que é ser injustiçado.

[5] Ser injustiçado é precisamente sofrer injustiça por parte de um agente voluntário, pois foi estabelecido anteriormente que a injustiça é um ato voluntário. [6] E visto que o injustiçado sofre necessariamente um dano, e isso contra sua vontade, é evidente, pelo que foi dito antes, em que consistem os danos, pois as coisas boas e más já foram distinguidas em si mesmas; também foi dito que atos voluntários são todos aqueles que são cometidos com o conhecimento da causa.

[7] Portanto, segue-se necessariamente que todas as acusações se referem à comunidade ou ao indivíduo, tendo o acusado agido por ignorância e contra sua vontade, ou voluntariamente e com conhecimento; neste último caso, com intenção ou por meio da emoção. [8] Falaremos da ira quan-

do tratarmos das emoções; porém, já declaramos em que circunstâncias e por meio de que disposições os homens agem.

[9] Visto que frequentemente os acusados admitem ter cometido crime, mas não concordam com sua descrição ou com o delito que essa descrição implica (p. ex.: admite que pegou, mas não roubou; que foi o primeiro a atacar, mas não cometeu ultraje; que teve relações, mas não cometeu adultério; que roubou, mas não cometeu profanação, pois o objeto roubado não era sagrado; que invadiu uma terra com suas plantações, mas não foi em terras públicas; que conversou com o inimigo, mas não cometeu traição), seria necessário que fosse dada uma definição de roubo, ultraje ou adultério, a fim de que sejamos capazes de fazer a justiça aparecer, se quisermos provar que um crime foi cometido ou não.

[10] Em todos esses casos a dúvida em questão é saber se o suposto acusado é ou não uma pessoa injusta ou imoral, pois a intenção em que o vício e a injustiça estão e palavras como "ultraje" e "roubo" já indicam a intenção. Se um homem atacou outro não significa que ele cometeu ultraje em todos os casos, mas somente que ele atacou com um certo objetivo; por exemplo, para desonrar o outro ou para agradar a si mesmo. Se um homem pegou algo às escondidas não certifica que ele cometeu um furto, mas somente se ele o fez para prejudicar o outro ou para obter algo para si mesmo. O mesmo ocorre em todos os outros casos.

[11] Dissemos que existem dois tipos de ações, justas e injustas (pois umas são escritas e outras não), também falamos a respeito daquelas em que as leis são escritas; daquelas que não são escritas, existem dois tipos. [12] Um tipo surge de um excesso de virtude ou vício, que é seguido por elogio ou censura, honra, desonra ou recompensas

(p. ex., agradecer a quem nos fez bem, retribuir o bem com o bem, ajudar os amigos e coisas semelhantes a estas). O outro tipo contém o que é omitido na lei particular e escrita, [13] pois o equitativo parece ser justo, e equidade é a justiça que vai além da lei escrita. Essas omissões são, às vezes, contra a vontade dos legisladores (involuntárias) ou por vontade deles (voluntárias); involuntárias quando lhes passam despercebidas e voluntárias quando, não podendo ser definidas, fazem com que os legisladores sintam a necessidade de fazer uma declaração universal que não seja aplicável a todos, mas apenas à maioria dos casos; e as que não são fáceis de serem definidas devido à sua indeterminação, como, por exemplo, o tamanho e a espécie de um instrumento de ferro usado para ferir, pois a vida não seria longa o suficiente para considerar todas as possibilidades. [14] Se, então, nenhuma definição exata for possível, mas a legislação for necessária, deve-se recorrer a termos gerais; de modo que, se um homem que usa um anel levanta a mão para bater ou realmente bate, de acordo com a lei escrita ele é culpado e comete uma injustiça, mas segundo a verdade ele não a comete, e esse é um caso de equidade.

[15] Se a equidade é o que acabamos de falar, é fácil ver quais coisas e pessoas são ou não equitativas. [16] Ações que devem ser perdoadas são casos de equidade; os erros, os atos injustos e as desgraças não devem ser considerados merecedores da mesma penalidade. As desgraças são coisas inesperadas e não cruéis; os erros não são inesperados, mas não são feitos por maldade; os atos injustos são os que podem ser esperados e feitos por maldade, pois os atos cometidos pelo desejo surgem da maldade. [17] Também é próprio da equidade perdoar as fraquezas humanas e não olhar para a lei, mas para o legislador; não para a palavra dele,

mas para sua intenção; não para a ação em si, mas para a intenção; [18] não para a parte, mas para o todo; não para o que um homem é agora, mas para o que ele sempre ou geralmente foi. Também lembrar mais do bom do que do mau tratamento, e mais dos benefícios recebidos em vez dos feitos. Desejar que uma sentença judicial seja mais nominal do que real. Preferir mais um recurso judicial do que ir a um julgamento nos tribunais; [19] pois o árbitro olha para a equidade, enquanto o dicasta apenas para a lei, e a razão pela qual os árbitros foram criados foi para que a equidade pudesse prevalecer. Que fique assim definido o que diz respeito à equidade.

14

Um delito é maior de acordo com a injustiça que ele provoca. Por esta razão, os mais insignificantes delitos são, às vezes, os maiores, como na acusação feita por Calístrato contra Melanopo, de que ele teria fraudado, dos construtores de templos, três moedas sagradas; porém, no caso de ações justas, é o contrário: os mais insignificantes delitos não são os maiores. A razão é que o maior delito é potencialmente inerente ao menor; pois aquele que roubou três moedas sagradas também poderá cometer qualquer outra injustiça. Às vezes, atos errados são julgados maiores dessa maneira, e, outras vezes, pela extensão do dano causado.

[2] Um delito também é maior quando não há punição adequada para ele, pois todos são insuficientes; também quando não há remédio, porque é difícil, senão impossível, repará-lo; e quando a vítima não pode recorrer à justiça por ser irremediável, pois a justiça e o castigo são espécies de remédios. [3] Se aquele que sofre, tendo sido injustiçado, cometeu um dano terrível a si mesmo, é justo

que a pessoa culpada mereça uma punição maior; por exemplo, Sófocles, ao falar a favor de Euctémon, que se suicidou após ter sido ultrajado, declarou que não iria propor uma pena menor do que a própria vítima se propôs.

[4] Um delito também é maior quando é inédito, o primeiro de seu tipo ou quando cometido com a ajuda de poucos, quando foi cometido com frequência, quando novas proibições e penas foram buscadas e encontradas por causa dele. Como em Argos, por exemplo, onde é punido aquele por quem uma nova lei foi promulgada, bem como aqueles pelos quais um novo presídio teve de ser construído.

[5] O delito mais brutal também é maior quando foi premeditado por muito tempo ou quando inspira nos ouvintes mais terror do que pena. Os recursos retóricos nesse caso são os seguintes: o acusado ignorou ou violou vários princípios de justiça como, por exemplo, juramentos, promessas, responsabilidades e votos matrimoniais; pois isso é um acúmulo de muitas injustiças.

[6] Os delitos são ainda maiores quando cometidos no próprio lugar em que os transgressores são castigados, como fazem as falsas testemunhas, pois onde um homem não cometeria injustiça, se a comete no próprio tribunal? Eles também são maiores quando acompanhados por uma vergonha maior; quando cometidos contra alguém que fez o bem ao culpado, pois, nesse caso, o transgressor comete uma injustiça ainda maior, visto que ele não apenas a comete, mas também não faz o bem de forma recíproca.

[7] Igualmente é maior quando um homem ofende as leis não escritas, pois há mais mérito no homem que faz o certo sem que a necessidade o obrigue. Bem, as leis escritas envolvem compulsão, diferentemente das não escritas. Visto de ou-

tra forma, o delito é maior se violar as leis escritas, pois um homem que comete aquilo que teme e que envolve punição estará pronto para cometer injustiças pelas quais ele não será punido. Que isso seja suficiente para tratarmos do maior ou menor grau de um delito.

15

Continuando o que acabamos de falar, vamos agora mostrar brevemente as provas chamadas de não técnicas, pois elas pertencem propriamente à oratória forense. [2] Essas provas são cinco em número: as leis, as testemunhas, os contratos, as confissões sob tortura e os juramentos. [3] Vamos primeiramente falar sobre as leis e mostrar como devem ser usadas, tanto ao exortar ou dissuadir como ao acusar ou defender. [4] É evidente que se a lei escrita é contrária ao fato, devemos recorrer à lei geral e aos argumentos de maior equidade e justiça; [5] também é evidente que o juramento do dicasta de "decidir da melhor maneira possível" quer dizer que ele não obedecerá rigorosamente às leis escritas [6] e que a equidade é sempre constante e nunca muda, como a lei geral (pois é baseada na natureza); porém, as leis escritas mudam frequentemente. Este é o motivo pelo qual na *Antígona*, de Sófocles, a protagonista se defende por ter enterrado o irmão contrariamente à lei de Creonte, mas não à lei não escrita, ao dizer: "pois não é de hoje nem de ontem, mas desde toda a eternidade [...], eu não deveria infringi-la por homem nenhum"[38]; [7] e que o justo é verdadeiro e útil, mas não o que parece justo, de modo que a lei escrita não é propriamente uma lei, pois não cumpre a função dela; e que o juiz é como um avaliador de moedas, cujo dever é distinguir a justiça falsa da verdadeira.

[8] Igualmente evidente é que faz parte de um homem melhor fazer uso e obedecer ao que não está escrito, em vez da lei escrita. [9] É necessário, ainda, ver se, de algum modo, a lei é contrária a outra já aprovada ou a si mesma; por exemplo, uma lei determina que todos os contratos devem ser válidos, enquanto outra proíbe fazer contratos em confronto com a lei. [10] Também se a lei é ambígua, para contorná-la e ver de que maneira ela deve ser interpretada, se é adequada ao justo ou ao conveniente, e, em seguida, fazer uso dela. [11] Se as condições que criaram a lei agora são obsoletas, enquanto a própria lei permanece deve-se esforçar para tornar isso claro e lutar contra ela.

[12] Entretanto, se a lei escrita favorece o nosso caso, devemos dizer que o juramento do dicasta de "decidir da melhor maneira possível" não se justifica em fazer uma decisão contra a lei, mas tem apenas a intenção de isentá-lo da acusação de perjúrio, se ignorar o que diz a lei. É evidente que ninguém escolhe o que é absolutamente bom, mas o que é bom para si mesmo; que não há diferença entre não haver leis e não fazer uso delas; que, nas outras artes, não há vantagem em tentar ser mais sábio do que o médico, pois o erro do médico não causa tanto dano quanto o hábito de desobedecer à autoridade; que buscar ser mais sábio do que as leis é justamente o que está proibido nas leis mais louvadas. Essas são as distinções estabelecidas em relação às leis.

[13] Quanto às testemunhas, elas são de dois tipos: antigas e recentes; dentre as recentes, algumas compartilham o risco de serem julgadas, outras estão fora de risco. Dentre as testemunhas antigas cito os poetas e todos os outros homens que são conhecidos por seus julgamentos ilustres; por exemplo, os atenienses usaram Homero como testemunha no caso de Salamina[39], já os habitantes

de Tênedos usaram Periandro de Corinto contra os sigeus. Cleofonte também fez uso dos elegíacos de Sólon contra Crítias para provar que sua família há muito tempo é famosa por suas grosserias, caso contrário Sólon nunca teria escrito: "Peço para que mandes o ruivo Crítias dar ouvidos ao seu pai"[40].

[14] Essas são, pois, as testemunhas sobre eventos antigos, enquanto que, para eventos futuros, temos os intérpretes de oráculos; como, por exemplo, Temístocles interpretando uma muralha de madeira como significado de que deveria travar uma batalha naval[41]. Além disso, os provérbios, como já dito, são testemunhos; por exemplo, se um homem aconselha outro a não ser amigo de um homem velho, ele pode usar como testemunho o provérbio: "Nunca faça o bem a um homem velho". E se aconselha outro a matar os filhos, depois de ter matado os pais, ele pode dizer: "Tolo é aquele que, tendo matado o pai, deixa os filhos viverem".

[15] As testemunhas recentes são as pessoas conhecidas que deram uma decisão sobre qualquer caso, pois essas decisões são úteis para os que estão discutindo sobre casos semelhantes. Como, por exemplo, Êubulo, ao atacar Carés nos tribunais, fez uso do que Platão disse contra Arquíbio, que "a confissão por maldade havia aumentado na cidade". [16] Também aqueles que compartilham o risco de serem julgados se parecerem que estão mentindo. Essas testemunhas servem apenas para estabelecer se um ato ocorreu ou não, se é ou não o caso; mas não servem quando se trata da qualidade do ato; por exemplo, se é justo ou injusto, conveniente ou inconveniente. [17] Elas não são testemunhas muito confiáveis; mas os homens do passado são as testemunhas mais confiáveis com relação a isso, pois não podem ser corrompidas. Quando um homem não tem testemunhas para provar suas evidên-

cias pode dizer que a decisão deve ser feita de acordo com as probabilidades e que esse é o significado do juramento "decidir da melhor maneira possível"; que as probabilidades não podem ser corrompidas com dinheiro para que enganem; e que não podem ser condenado por dar falso testemunho. Mas se um homem tem testemunhas e seu adversário não tem, ele pode dizer que as probabilidades não são válidas e que não haveria necessidade de testemunhas se uma investigação de acordo com os argumentos fosse suficiente.

[18] As evidências dizem respeito a elas mesmas ou a seus oponentes, também a seus próprios casos ou ao caráter moral de ambos os lados; desse modo, nunca faltam evidências úteis. Pois se não tivermos nenhuma evidência quanto ao fato em si, nem na confirmação de nosso próprio caso nem contra nosso oponente, sempre será possível obter alguma evidência quanto ao caráter que estabelecerá tanto nossa honestidade quanto a maldade de nosso oponente.

[19] Quanto a todas as outras questões relativas a uma testemunha, seja ela um amigo, um inimigo ou indiferente, se é de boa, má ou de mediana reputação e todas as outras diferenças desse tipo, devemos recorrer aos mesmos tópicos dos quais derivamos os entimemas.

[20] Quanto aos contratos, a argumentação pode ser utilizada no sentido de ampliar ou minimizar sua importância, de provar se merecem ou não confiança. Se os temos ao nosso lado, devemos tentar prová-los dignos de confiança e de autoridade; mas se eles estão do lado de nosso oponente, devemos fazer o oposto.

[21] Para prová-los dignos ou não de confiança, os métodos de procedimento em nada se diferem dos feitos no caso das testemunhas; pois os

contratos são confiáveis de acordo com o caráter dos que os assinam ou os protegem. Quando a existência do contrato for admitida, se for a nosso favor, devemos fortalecê-lo, afirmando que o contrato é uma lei particular e parcial; e não são os contratos que tornam a lei oficial, mas são as leis que dão força aos contratos legais. Em um sentido geral, a própria lei é uma espécie de contrato; desse modo, aquele que desobedece ou anula um contrato, anula as leis. [22] Além disso, a maioria das negociações e dos atos voluntários é realizada de acordo com um contrato; de modo que, se ele se torna inválido, a relação mútua entre os homens é anulada. Todos os outros argumentos adequados para a ocasião são fáceis de ver.

[23] Contudo, se os contratos são contra nós e a favor de nossos oponentes, primeiramente são adequados aqueles argumentos que permitem um combate contra a lei que nos é contra, pois seria estranho se fôssemos obrigados a obedecer aos contratos enquanto nos sentíssemos no direito de não obedecer às leis, quando essas forem malfeitas e cujos autores erraram.

[24] Em seguida podemos argumentar que o juiz é o árbitro da justiça; de modo que não é o conteúdo do contrato que ele deve considerar, mas o que é mais justo. [25] Além disso, não se pode alterar a justiça por fraude ou coação (pois ela se baseia na natureza), mas os contratos podem ser feitos em ambas as condições, tanto por quem é enganado quanto por quem é coagido. Além disso, devemos examinar se o contrato é contrário a alguma das leis escritas ou gerais, e se, dentre essas escritas, são do nosso próprio país ou de outros países. Em seguida, se são contrárias a outros contratos anteriores ou posteriores, porque, ou os posteriores são válidos e os anteriores não, ou os anteriores são corretos e os posteriores fraudulentos, podemos colocá-los da

maneira que for mais adequada. Também devemos olhar para a questão do interesse, se o contrato é, de alguma forma, contrário aos interesses dos juízes, e outros argumentos do mesmo tipo, que são igualmente fáceis de perceber.

[26] As confissões sob tortura são tipos de testemunhos que parecem confiáveis, porque uma espécie de coação está associada a elas. Não é difícil falar a respeito delas nem quais argumentos são possíveis. Se forem a nosso favor, podemos valorizar sua importância afirmando que são os únicos testemunhos verdadeiros; mas se forem contra nós e a favor de nossos oponentes, podemos enfraquecê-las dizendo a verdade sobre todos os tipos de tortura em geral, pois os que são coagidos têm a mesma probabilidade de dar provas falsas e verdadeiras, ou suportando a tortura até o fim para não dizer a verdade, ou estando prontos para fazer acusações falsas contra outros, na esperança de serem libertados mais rapidamente da tortura. Também é necessário ser capaz de citar exemplos do passado com os quais os juízes estão familiarizados. Igualmente pode ser dito que as confissões fornecidas sob tortura não são verdadeiras, pois há muitas pessoas canalhas e de pele dura como a pedra que são capazes, em suas almas, de resistir aos sofrimentos, e também há os covardes e cautelosos que apenas se mantêm fortes antes de verem os instrumentos de sua tortura; portanto, testemunhas sob tortura podem ser consideradas totalmente indignas de confiança.

[27] Quanto aos juramentos, quatro divisões podem ser feitas: fazemos um juramento ao oponente e o aceitamos; não fazemos nem um nem outro; fazemos um juramento, mas não o aceitamos (nesse caso, ou oferecemos mas não aceitamos, ou aceitamos mas não oferecemos). Além disso uma outra divisão pode ser considerada: se o juramento já foi feito por nós ou pela outra parte.

[28] Não é bom fazer um juramento ao oponente porque ele facilmente comete perjúrio e porque, depois de fazer o juramento, ele se recusará a pagar a dívida; enquanto que, se não fizer o juramento, achamos que os dicastas irão condená-lo; e também porque o risco de deixar a decisão para os dicastas é preferível, pois se tem confiança neles, mas não no oponente. [29] Ao não fazer o juramento pode-se argumentar que este é feito apenas por dinheiro; que, se fosse desonesto, o teria feito imediatamente, pois mais vale ser desonesto por alguma coisa do que por nada; que, fazendo o juramento, ganharia o caso, caso contrário, o perderia; consequentemente, a recusa em aceitá-lo se deve à conduta moral, não ao medo de cometer perjúrio. Aqui se aplica o que foi dito por Xenófanes: "é desigual um homem impiedoso desafiar um piedoso", pois é o mesmo que um homem forte desafiando um fraco para dar golpes ou recebê-los. [30] Ao aceitar o juramento pode-se dizer que o homem tem confiança em si mesmo, mas não em seu oponente. Assim, revertendo o que foi dito por Xenófanes, a única maneira igualitária é de que o impiedoso aceite o juramento e o piedoso o faça; e que seria terrível recusar-se a fazer o juramento enquanto se exigia que os juízes o fizessem antes de dar o seu veredicto. [31] Mas, se fizer o juramento, pode dizer que é um ato de piedade querer deixar o assunto para os deuses; que seu oponente não precisa procurar outros juízes (pois permite que ele tome a decisão sozinho); [32] e que seria um absurdo ele não estar disposto a fazer um juramento nos casos sobre os quais acha justo que os outros o façam. Bom, uma vez que mostramos como devemos lidar com cada caso individualmente, é claro que devemos falar como lidar com eles quando considerados dois a dois; por exemplo, se quisermos fazer o juramento, mas não o oferecer; oferecê-lo, mas

não o aceitar; aceitá-lo e oferecê-lo ou não fazer nem uma coisa nem outra. Essas combinações podem acontecer a partir dos casos já referidos, assim como pode acontecer com os argumentos já mencionados. E se já fizemos um juramento que contradiz o presente, podemos argumentar que não é perjúrio, pois cometer injustiça é voluntário e o perjúrio é uma injustiça, mas o que é feito por engano ou sob coação é involuntário.

[33] Aqui, portanto, conclui-se que o perjúrio se faz com a mente, e não com os lábios; ou seja, consiste na intenção, não no que é dito. Mas se o oponente fez um juramento contraditório podemos dizer que aquele que não cumpre o que jurou anula tudo, pois esta é a razão pela qual os dicastas prestam juramento antes de julgarem; poderemos dizer que "eles exigem que vocês cumpram os seus juramentos como juízes, enquanto eles próprios não cumprem os deles". E muitas outras coisas poderão ser empregadas na amplificação das provas.

Que isso seja o suficiente para falar sobre as provas não técnicas.

Livro II

1

Esses são, então, os materiais que devemos empregar para exortar e dissuadir, elogiar e censurar, acusar e defender, e tais são também as opiniões e as premissas que são úteis para as provas nessas circunstâncias; pois, a partir desses assuntos, são retirados os entimemas que são especialmente adequados, por assim dizer, para cada tipo de discurso oratório.

[2] Entretanto, uma vez que o objeto da retórica é o julgamento (pois também se julgam as deliberações, e os procedimentos judiciais são um julgamento), não é necessário apenas considerar que o discurso seja demonstrativo e convincente, mas também que o orador se mostre de certo caráter e saiba construir uma argumentação para o juiz. [3] Pois faz uma grande diferença para a persuasão, especialmente nas demonstrações, e, por fim, na oratória forense, que o orador se mostre possuidor de certas qualidades e que seus ouvintes pensem que ele dispõe, de certa forma, delas em relação a eles; e, além disso, que os próprios ouvintes disponham, de uma certa maneira, dessas qualidades em relação a ele.

[4] Na oratória deliberativa é mais útil que o orador pareça ter um certo caráter, e, na oratória forense, é mais útil que o ouvinte esteja disposto de uma certa maneira; pois as opiniões variam, de acordo com o que os homens amam ou

odeiam, e também se estão com raiva ou calmos, e por isso as coisas parecem totalmente diferentes ou diferentes em certo grau; pois quando um homem tem uma disposição favorável a alguém a quem está julgando, ele pensa que o acusado não cometeu nenhum mal ou que sua ofensa é insignificante; mas se ele o odeia, acontece o oposto. Se um homem deseja algo e tem boas esperanças de obtê-lo, se o que está por vir é agradável, ele certamente pensa que acontecerá e será bom; mas se um homem não tem emoção ou não está de bom humor, é exatamente o contrário.

[5] Para os oradores se tornarem persuasivos são necessárias três causas, pois nos persuadimos por elas até mesmo sem demonstrações. São elas: a prudência, a virtude e a benevolência. Os oradores mentem sobre as coisas que falam e dão conselhos ou por conta de todas essas causas ou por alguma delas; [6] pois, ou é por falta de prudência que formam opiniões incorretas, ou, se suas opiniões são corretas, não dizem o que pensam por maldade, ou ainda, se são prudentes e respeitáveis, acabam não sendo benevolentes; portanto, pode acontecer que, embora saibam o que é o melhor, não o aconselham. Nada além dessas causas é necessário, de modo que o orador que parecer possuir todas essas três necessariamente convencerá seus ouvintes.

[7] Os meios pelos quais o orador pode parecer prudente e honesto devem ser deduzidos das distinções que fizemos quando falamos sobre as virtudes[42], pois o orador as empregaria para fazer-se parecer, ou outra pessoa, disposto de tais qualidades. Devemos agora falar da benevolência e da amizade em nossa discussão sobre as emoções.

[8] As emoções são todas aquelas causas que fazem com que os homens mudem de opinião a respeito de seus julgamentos, sendo acompanhadas

de dor e prazer. Essas emoções são: ira, piedade, medo e todas as outras semelhantes, como também os seus opostos. [9] E cada uma delas deve ser dividida em três aspectos; quero dizer, por exemplo, em relação à ira, devemos distinguir o estado de espírito dos homens irados, as pessoas contra quem eles geralmente estão irados e as ocasiões que dão origem a essa ira. Pois se conhecêssemos um ou mesmo dois desses aspectos, mas não todos os três, seria impossível despertar essa emoção. O mesmo se aplica às outras emoções. Já que fizemos anteriormente uma análise sobre as premissas, faremos o mesmo aqui e dividiremos as emoções da mesma maneira.

2

Vamos definir, então, que a ira é um desejo acompanhado de dor para que haja uma vingança, real ou aparente, devido a um desprezo manifestado contra nós ou contra um de nossos amigos, sendo tal desprezo não merecido.

[2] Se a ira for precisamente isso, o homem irado sempre deverá manifestar ira contra um determinado indivíduo – como, por exemplo, contra Cléon, mas não contra os homens em geral – porque esse indivíduo fez, ou estava prestes a fazer, algo contra ele ou a algum de seus amigos; além disso, toda ira é acompanhada de um certo prazer, que se origina da esperança de uma futura vingança. Realmente, é agradável pensar que se obterá o que se deseja, mas ninguém deseja o que lhe é obviamente impossível de ser alcançado, e o homem irado deseja o que lhe é possível. Portanto, foi lindamente dito que a ira é "muito mais doce do que o mel que escorre garganta abaixo e se espalha nos corações dos homens"[43]. Por isso, a ira é acompanhada de um certo prazer; também porque os homens vivem na ideia de

vingança e da imaginação, surge diante deles um prazer igual ao que é visto em sonhos.

[3] O desprezo é um ato de opinião em relação a algo que parece sem valor, pois consideramos dignas de interesse as coisas más ou boas ou as que podem assim se tornar, mas ignoramos as que não têm importância ou são insignificantes. Sendo assim, o desprezo está dividido em três tipos: desdém, difamação e ultraje. [4] Pois quem desdenha também despreza, visto que os homens desprezam e desdenham todas as coisas que consideram sem valor. O homem difamado também parece desprezar, pois a difamação é como colocar obstáculos nos desejos alheios, não para tirar proveito próprio, mas para evitar que o outro tire proveito. Já que ele não difama por interesse próprio, ele despreza. É evidente que o difamador não tem ideia de que o outro possa prejudicá-lo, pois nesse caso ele teria medo dele e não o desprezaria; nem que ele seria de alguma utilidade digna de ser mencionada, pois, nesse caso, ficaria preocupado em ser seu amigo.

[5] Da mesma forma, aquele que ultraja também despreza; pois o ultraje consiste em fazer e dizer coisas que causam vergonha em quem é ultrajado, não para obter uma vantagem além da realização do ato, mas para o próprio prazer. Com efeito, aqueles que pagam com a mesma moeda não estão cometendo um ultraje, mas estão se vingando. [6] A causa do prazer daqueles que ultrajam é a ideia de que, ao maltratarem os outros, são considerados superiores; é por isso que os jovens e os ricos são insolentes, pois pensam que, ultrajando os demais, estão mostrando sua superioridade. A desonra é uma característica do insulto; aquele que desonra também está desprezando, pois não apresenta honra alguma, nem para o bem, nem para o mal. Por isso, Aquiles diz: "Desonrou-me, pois guarda para si a re-

compensa que me tomou"[44] e "Como se eu fosse um migrante desonrado"[45], [7] como se estivesse cheio de ira por esses motivos. Muitos pensam que têm o direito de serem altamente respeitados por aqueles que são inferiores em nascimento, poder, virtude e, geralmente, em tudo aquilo que torna alguém superior; por exemplo, o rico é superior ao pobre quando se trata de dinheiro, o orador ao que não sabe falar quando se trata de oratória, o governante ao governado, o que se considera digno de governar ao que só serve para ser governado. Por isso foi dito: "Grande é a ira dos reis nutrida por Zeus"[46], e "No entanto, ele também guarda rancor no peito"[47], pois os reis se zangam por causa de sua posição superior.

[8] Além disso, há homens que ficam zangados com os desprezos daqueles por quem esperam ser bem-tratados; são aqueles que fizeram ou fazem o bem, seja a eles próprios, seja outra pessoa a eles ou a um de seus amigos, como também àqueles a quem desejam ou desejavam fazer o bem.

[9] A partir dessas considerações é evidente qual é a disposição daqueles que estão cheios de ira, contra quem estão irados, e por quais razões. Os homens ficam assim quando sofrem, porque aquele que está sofrendo deseja algo; então, parece ser exatamente a mesma coisa se um homem se opõe a outro em alguma coisa diretamente – como, por exemplo, impede--o de beber quando tem sede – ou não diretamente, se alguém vai contra ele ou se recusa a ajudá-lo ou ainda o incomoda de qualquer outra forma.

[10] Por isso os doentes, os pobres, os que estão na guerra, os apaixonados, os sedentos e, em geral, todos os que desejam algo e não podem obtê-lo, estão sujeitos à ira e são facilmente irritados, especialmente contra aqueles que desprezam sua condição atual; por exemplo, o doente se irrita facilmente com quem menospreza sua doença, o

pobre com quem é indiferente à sua pobreza, o que está em guerra com quem subestima a guerra, o apaixonado por quem despreza seu amor, e acontece o mesmo com todo o resto que menospreza nossos desejos; pois as emoções presentes em sua mente, em cada um desses casos, abrem caminho para a ira. Além disso, os homens ficam irados quando o evento é contrário às suas expectativas, [11] pois quanto mais inesperada é uma coisa, mais dói, assim como se torna muito agradável quando o inesperado é a favor de seus desejos. A partir disso é possível ver com clareza quais são os momentos, os tempos, os estados mentais e as condições de idade mais suscetíveis à ira; bem como os tempos, os lugares e os motivos que nos deixam mais propensos a ela, na proporção em que quanto mais estamos sujeitos à sua influência, mais irados ficamos.

[12] Os que apresentam essas disposições estão facilmente propensos à ira. Ficam irritados com os que ridicularizam, caçoam e zombam deles, pois os estão insultando, e com aqueles que os ferem com atos que são sinais de insulto. Esses, contudo, devem ser atos que não sejam úteis nem vantajosos para aqueles que os praticam, pois, senão, pareceriam ser prazerosos devido ao insulto.

[13] Também ficam irritados com aqueles que os desprezam e falam mal das coisas que consideram de grande importância; por exemplo, se um homem fala com desprezo da filosofia ou da aparência para aqueles que se orgulham delas, e assim em todos os outros casos. [14] Ficam muito mais irritados se os outros suspeitarem que eles não possuem as qualidades das quais se vangloriam – seja no todo ou em parte – ou não parecem possuir. Pois quando sentem que certamente possuem aquelas qualidades que são objeto de zombaria, eles não se preocupam com isso. [15] Igualmente ficam muito mais

irritados com os que são seus amigos do que com os que não são, pois pensam que devem receber melhor tratamento deles do que ao contrário. [16] Igualmente se irritam com os que têm o hábito de honrá-los e tratá-los com respeito, caso não se comportem mais assim, pois pensam que estão sendo desprezados por eles; caso contrário, não fariam isso. [17] Também com os que não retribuem a sua bondade nem lhes retribuem da mesma forma, e com aqueles que se opõem a eles, se forem seus inferiores, pois todos parecem desprezá-los; aqueles que se opõem como se os considerassem inferiores e aqueles que não retribuem como se tivessem recebido gentilezas de inferiores. [18] Igualmente com os que são desprezíveis, ainda mais se estes os desprezam, pois a ira é uma forma de desprezo contra aqueles que não deveriam se comportar dessa maneira; os inferiores não têm o direito de menosprezar seus superiores. [19] Também se irritam com os amigos se estes não falam bem deles nem os tratam bem, e ainda mais se fazem o contrário. Se eles não conseguirem perceber suas necessidades, como Pléxipo, na tragédia de Antifonte, que se irritou com Meléagro[48], pois isso é um sinal de desprezo, já que as coisas com as quais nos preocupamos não nos passam despercebidas. [20] Ficam irritados com os que se alegram com as desgraças, ou, de uma maneira geral, ficam felizes quando são desafortunados; pois isso é uma indicação de inimizade ou de desprezo. Também com os que não se importam se lhes causam dor, e por isso irritam-se com quem traz más notícias. [21] Igualmente com quem ouve ou vê maldades sobre eles com indiferença, pois são iguais aos que desprezam e aos inimigos; [22] os amigos se compadecem e todos os homens sofrem ao ver suas fraquezas expostas. E, além disso, iram-se com aqueles que desprezam esses cinco tipos de pessoa: seus rivais, aqueles que admiram, aqueles por quem eles queriam ser admirados, aqueles que respeitam, ou aqueles que os respeitam; quando alguém os despreza diante dessas pessoas sua ira é maior.

[23] Eles ficam irados com os que menosprezam essas pessoas, pois seria vergonhoso não ajudá-las, como, por exemplo, pais, filhos, esposas e dependentes. E também têm esse comportamento para os que são ingratos, porque o desprezo é contrário ao que é conveniente para alguém. [24] Ainda ficam irados com as pessoas que ironizam aquelas que falam sério, [25] pois a ironia mostra desdém. Também com aqueles que fazem o bem aos outros, mas não a eles, pois é desdenhoso, dentre todas as pessoas, não considerá-los dignos de algo. [26] O esquecimento também é causa de ira, até mesmo o que é insignificante, como esquecer os nomes das pessoas, já que o esquecimento parece um sinal de desprezo, pois isso é causado pelo desinteresse, que é um certo tipo de desprezo.

[27] Assim, falamos ao mesmo tempo sobre as disposições e as razões que tornam os homens irados e contra quem ficam irados. É claro, então, que será necessário ao orador, por seus discursos, colocar os ouvintes na mesma disposição daqueles que estão propensos à ira, mostrando que seus oponentes são responsáveis pelas coisas que despertam essa ira e que são pessoas das quais se sente raiva.

3

E visto que ficar com raiva é o oposto de acalmar-se e que a ira é o oposto da calma, devemos determinar o estado de espírito que torna os homens calmos em relação a quem, além das razões que os tornam assim.

[2] Vamos definir, então, que a calmaria é um ato que abranda e aquieta a ira. [3] Se

então os homens se irritam com aqueles que os desprezam e esse desprezo é voluntário, é evidente que eles são calmos com aqueles que não fazem nenhuma dessas coisas ou as fazem involuntariamente, ou pelo menos aparentam assim; [4] também àqueles que pretendiam o contrário do que fizeram e a todos os que fazem o mesmo consigo próprios, pois ninguém parece desprezar a si mesmo. [5] Também são calmos com as pessoas que se arrependem, pois deixam de ficar irritados com quem se sente culpado pelos danos causados aos outros. Um sinal disso pode ser visto na punição de escravos, pois punimos mais severamente aqueles que nos contradizem e negam suas ofensas, mas deixamos de nos irritar com os que admitem que foram punidos com justiça. A razão é que negar algo evidente é um desrespeito, e isto é um tipo de desprezo e desdém. [6] De qualquer forma, não respeitamos aqueles por quem temos um profundo desprezo. Os homens também são calmos com aqueles que se humilham perante eles e não os contradizem, pois parecem reconhecer que são inferiores; estes são medrosos, e ninguém que tem medo despreza o outro. A prova de que a ira acaba com quem se humilha pode ser vista no comportamento dos cães, pois eles não mordem aqueles que se sentam[49]. [7] O mesmo comportamento ocorre quando as outras pessoas são sérias com eles quando estão sérios, porque parece que aquele que age com seriedade não desdenha. [8] A calmaria também ocorre com os que lhes retribuem um favor com um favor ainda maior, e com os necessitados e suplicantes, pois são mais humildes. [9] Isso ocorre igualmente com aqueles que não fazem insultos, zombarias ou desprezos a ninguém; nem a qualquer homem virtuoso, nem aos que lhes são semelhantes. [10] De um modo geral, deve-se determinar as causas que fazem a calmaria por seus opostos. Assim, os homens são calmos com aqueles a quem temem ou respeitam, desde que se sintam assim com eles, pois é impossível sentir medo e raiva ao mesmo tempo. [11] E não se irritam, ou se irritam menos, com aqueles que agiram por raiva, pois não parecem ter agido por desprezo. Isso porque ninguém despreza o outro quando está com raiva, pois o desprezo é indolor, mas a raiva é acompanhada de dor. [12] O mesmo ocorre em relação aos envergonhados.

Evidentemente, também são calmos aqueles cujo estado de espírito é o oposto do que provoca raiva, como no se divertir, no riso, numa festa, num dia feliz, no sucesso, na plenitude, e, em geral, na ausência de dor, no prazer sem se entregar a excessos e na justa esperança. Além disso, são calmos com aqueles que dão tempo ao tempo e não ficam irados de forma plena e repentina, pois o tempo acabou com essa raiva.

[13] Entretanto, a ira que se sente contra outra pessoa, até mesmo aquela ira enorme, acaba se antes já aconteceu uma vingança. Foi por esse motivo que Filócrates, ao ter sido questionado do porquê não ter se justificado quando o povo estava com raiva dele, simplesmente disse: "Ainda não", e quando foi retrucado com "Então quando?", respondeu: "Quando eu vir alguém sendo acusado da mesma ofensa". Isso porque os homens se acalmam quando descontam sua raiva sobre outro, como aconteceu com Ergófilo; os atenienses o absolveram mesmo estando mais indignados com ele do que com Calístenes, porque já haviam condenado Calístenes à morte no dia anterior.

[14] Os homens também se acalmam com aqueles de quem têm pena; e se seus ofensores sofreram um tratamento pior do que aquele que poderiam fazer os que estão com raiva deles, pois acham que, por assim dizer, obtiveram uma vingança. [15] Também quando pensam que eles próprios

cometeram uma injustiça e merecem o que sofrem, porque a ira não se vira contra o que é justo; pois não pensam que estão sendo tratados de outra forma além do que deveriam, que é a essência da raiva. Portanto, é preciso repreender alguém primeiramente com palavras, pois até os escravos ficam menos indignados quando assim punidos. [16] Os homens igualmente se acalmam quando pensam que os punidos nunca saberão que a punição vem deles em retribuição por seus próprios erros, pois a ira tem a ver com o individual, como fica evidente em nossa definição. Por isso, Homero diz com razão: "Diga-lhe que é Odisseu, saqueador de *pólis*"[50], como se não poderia se considerar totalmente vingado se o ciclope Polifemo não soubesse quem o cegou e o motivo disso ter acontecido. Desse modo, os homens não se irritam nem com quem não sabe quem os castiga nem com os mortos, pois já sofreram até o fim e não sentem dor nem outra coisa, que é o desejo de quem está com raiva. Por isso, a respeito do cadáver de Heitor, ao querer acabar com a ira de Aquiles contra um homem morto, Homero diz: "Pois, estando colérico, ele tortura um barro sem valor"[51].

[17] É evidente, então, que os homens devem recorrer a esses tópicos quando desejam acalmar seu auditório, preparando-os e mostrando aqueles com quem estão irritados ou temerosos como pessoas formidáveis ou merecedoras de respeito, como tendo prestado a eles grandes serviços, agido involuntariamente ou como extremamente arrependidos do que fizeram.

4

Falemos agora daqueles que amam e odeiam, e por quais razões. Porém, antes, vamos definir o que é o amor e o ato de amar. [2] Podemos, então, definir o ato de amar como desejar para alguém as coisas que acreditamos ser boas, para o seu próprio bem, mas não para o nosso, e lhes conseguir essas coisas boas desde que estejam em nosso poder. Amigo é aquele que ama e é amado em troca, e se consideram amigos aqueles que pensam que seu relacionamento é desse tipo.

[3] Isto sendo concedido, é necessário que um amigo compartilhe nossa alegria pelas coisas boas e nossa tristeza nas dores, por conta de nós mesmos e não por qualquer outro motivo. Pois todos se alegram quando acontece aquilo que desejam e ficam tristes quando acontece o contrário, de modo que a dor e o prazer são sinais de desejo. [4] Igualmente são amigos os que têm as mesmas ideias do que é bom e mau, e quando têm como amigos ou inimigos as mesmas pessoas, visto que é preciso desejar as mesmas coisas; portanto, quem deseja para outro o que deseja para si mesmo faz parecer que um é amigo do outro. [5] Também amamos aqueles que fizeram o bem a nós ou com quem nos preocupamos, os que prestam serviços importantes, com boa intenção, em ocasiões oportunas ou apenas por nossa causa, e todos aqueles que pensamos desejar nos fazer bem. [6] Da mesma forma amamos os amigos de nossos amigos, os que amam aqueles que nós amamos e os que são amados por aqueles que amamos; [7] como também aqueles cujos inimigos são nossos, aqueles que odeiam quem odiamos e aqueles que são odiados por quem nós odiamos, pois todas essas pessoas parecem ter a mesma ideia que nós temos do que é bom, de modo que desejam para nós o que é bom, o que, como dissemos, é próprio de um amigo.

[8] Além disso, amamos aqueles que estão dispostos a ajudar em questão de dinheiro e segurança; portanto, os homens honram aqueles que são livres, corajosos e certamente justos. [9] Consideramos que são assim os que não dependem de

outros e vivem do seu próprio esforço; entre eles, temos, por exemplo, os agricultores e sobretudo todos os outros que trabalham com as próprias mãos. [10] E os moderados, porque não são injustos; [11] aqueles que não são intrometidos, pelo mesmo motivo. Também ocorre o mesmo com quem desejamos ser amigos, se parecerem que desejam o mesmo; são aqueles que são bons por sua virtude e boa reputação, seja na opinião geral, entre os melhores ou entre aqueles que são admirados por nós ou por quem somos admirados.

[12] Além disso, amamos as pessoas com as quais é agradável conviver ou passar os dias; aquelas que têm bom humor, que não se importam com nossos erros, que não são briguentas nem desagradavelmente agressivas, pois todas essas pessoas são de combate e parecem desejar coisas opostas ao que desejamos. [13] Amam os que sabem fazer ou receber uma caçoada, pois em ambos os casos é gerada uma camaradagem que os torna capazes de ouvir a caçoada e retribuir com bom gosto. [14] Amamos igualmente aos que elogiam as nossas boas qualidades, especialmente aquelas que nós mesmos tememos não possuir; [15] aqueles que são limpos em sua aparência, vestimenta e na maneira de viver; [16] quem não repreende nossos erros ou cobra os favores que fizeram, pois ambos só servem para criticar; [17] os que não são rancorosos e não preservam as queixas, mas estão sempre dispostos a se acalmar, pois supomos que eles terão conosco as mesmas atitudes que têm com os outros; [18] aqueles que não são caluniadores, não se metem na vida de seus vizinhos nem nas nossas, mas apenas querem saber das coisas boas, [19] pois é assim que o homem bom age. Amamos os que não se opõem a nós quando estamos com raiva ou falando sério, pois tais pessoas não são briguentas; aqueles que se interessam por nós,

como, por exemplo, os que nos admiram, os que pensam que somos homens sérios e os que se alegram em nossa companhia, [20] especialmente aqueles que partilham esse sentimento em relação às coisas pelas quais desejamos ser admirados, considerados dignos ou agradáveis. [21] Igualmente amamos aos que se parecem conosco e aos que se ocupam das mesmas coisas que nós, desde que seus interesses não sejam conflitantes com os nossos e que eles não ganhem a vida da mesma maneira; senão isso se tornará um caso de "oleiro contra oleiro"[52]. [22] Também amamos aos que desejam as mesmas coisas, desde que possamos compartilhá-las; caso contrário, o mesmo aconteceria novamente. [23] O mesmo acontece com quem estamos à vontade e não nos envergonhamos diante deles por erros condenados pela opinião pública, desde que não seja por desacato; [24] com aqueles em cuja presença sentimos vergonha de coisas realmente ruins; com os quais rivalizamos ou por quem desejamos ser imitados, mas não invejados; também amamos a esses ou desejamos ser seus amigos. [25] Amamos aos que ajudamos a obter o que é bom, desde que não resulte um mal maior para nós; [26] aqueles que mostram igual amor tanto pelos amigos ausentes como presentes; por esse motivo, todos os homens amam quem mostra tal sentimento pelos mortos. Geralmente amamos aos que amam verdadeiramente seus amigos e não os deixam em apuros. Entre os bons homens, amamos principalmente aos que são bons amigos [27] e aos que não são falsos conosco; tais são aqueles que falam de seus próprios erros. Pois, como já dissemos, não nos envergonhamos diante dos amigos por erros apenas condenados pela opinião pública; portanto, se alguém fica envergonhado por tais erros, então não é um amigo, e quem não sente vergonha dá a impressão de ser um amigo. Os homens amam aqueles que não causam medo e em quem confiam; pois ninguém ama a quem se teme.

[28] Companheirismo, intimidade, parentesco e relações semelhantes são espécies de amizade. Fazer um favor cria amizade, [29] como também fazer um favor sem ser pedido e não torná-lo público depois de fazê-lo, pois assim parece ter sido feito só para o bem do amigo, e não por qualquer outra razão.

[30] Quanto à inimizade e ao ódio, é evidente que eles devem ser examinados a partir de seus contrários. As causas que produzem inimizade são a raiva, a difamação e a calúnia.

[31] Enquanto a raiva surge de atos cometidos contra nós, a inimizade surge até mesmo naqueles que não fizeram nada, pois basta imaginarmos que um homem tem um certo caráter para que passemos a odiá-lo. A raiva sempre se levanta contra um indivíduo em particular (p. ex., contra Cálias ou Sócrates), enquanto que o ódio se aplica às classes de pessoas (p. ex., todo mundo odeia um ladrão ou um informante). A raiva é curável com o tempo, o ódio não; o objetivo da raiva é a dor, do ódio é o mal, pois o homem com raiva deseja ver e saber o resultado das medidas que tomou, mas isso não importa para quem odeia. As coisas que causam dor são todas perceptíveis, mas as coisas especialmente ruins, como a injustiça ou a loucura, são menos perceptíveis, pois a presença do que é ruim não causa dor. A raiva é acompanhada de dor, mas o ódio não, pois o que está com raiva sofre dores, mas o que odeia não. O homem que está com raiva pode sentir compaixão em muitos casos, mas o que odeia, nunca, pois o enraivecido deseja que o objeto de sua raiva sofra, mas o que sente ódio deseja que o outro deixe de existir.

[32] É evidente, então, pelo que acabamos de dizer, que é possível provar que os homens

são inimigos ou amigos, torná-los amigos ou inimigos, caso já não sejam, ou ainda refutá-los, se fingirem que são. E se devido à raiva ou inimizade eles se opõem a nós, é possível trazê-los para o lado dos amigos ou dos inimigos, conforme cada um prefira.

5

A seguir falaremos sobre as coisas e pessoas que os homens temem e em quais estados de espírito se encontram nesse caso. Vamos definir, então, que o medo é uma espécie de dor e perturbação causada pela representação de um mal iminente, destruidor ou doloroso, pois os homens não temem todos os males (p. ex., quando se tornam injustos ou tolos), mas apenas aqueles que podem causar grande dor ou destruição, e somente se esses males parecem não estar distantes de acontecer, mas próximos, pois os homens não temem coisas que são muito remotas; todos sabem que irão morrer, mas como a morte não está próxima, ninguém se preocupa com ela. [2] Se isso é de fato o medo, devem ser amedrontadoras todas as coisas que parecem ter grande poder de destruir ou provocar danos que causam uma grande dor. É por isso que até mesmo os sinais de tais eventualidades são amedrontadores, pois eles parecem estar próximos. O perigo é exatamente isso: a aproximação de qualquer coisa amedrontadora.

[3] Esses sinais são a inimizade e a raiva daqueles que podem nos fazer mal de alguma forma, pois é evidente que eles desejam e podem fazer isso, de modo que estão perto de fazê-lo. [4] A injustiça possuidora desse mesmo poder é temível, pois o homem injusto o é por preferência. [5] A virtude ultrajada tem tal poder, pois é sempre intencional quando uma pessoa insulta outra, passando a exercer esse poder; [6] o medo é sentido em relação àqueles que

podem nos fazer algum mal, pois em tal circunstância podem estar perto de fazê-lo. [7] E, uma vez que a maioria dos homens é extremamente má, dominada pelo desejo do lucro e covarde quando em perigo, estar à mercê de outro é geralmente amedrontador, de modo que aquele que cometeu crimes tem motivos para temer seus cúmplices, que podem denunciá-lo ou abandoná-lo.

[8] Aqueles que são capazes de comer injustiças são temidos pelos que podem ser vítimas delas, pois, via de regra, os homens agem injustamente sempre que podem. Os que foram ou pensam que estão sendo injustiçados também são temidos, pois estão à procura de uma oportunidade para dar o troco. Do mesmo modo, aqueles que cometeram uma injustiça são temíveis quando possuem esse poder, já que têm medo de retaliação; [9] esta, segundo o estabelecido, é algo a ser temido. O mesmo acontece com os nossos rivais, pois sempre estão lutando entre si. [10] São temidos também aqueles que nos são superiores, isto porque seriam mais capazes de nos causar males, já que podem causá-los àqueles que são mais fortes do que nós. E também àqueles que temem os que são mais fortes do que nós, pela mesma razão. [11] Na mesma categoria estão as pessoas que destruíram as que são mais fortes do que nós, as que atacam os mais fracos, pois já são temidas ou serão quando ficarem mais fortes. E entre aqueles contra quem cometemos injustiças, são nossos inimigos ou rivais; não devemos temer os severos nem os sinceros, mas os que são calmos, dissimulados e perversos, pois não é claro se estão prestes de agir contra nós, já que nunca se sabe se estão longe de fazer isso.

[12] Todas as coisas temíveis são ainda mais quando não dá para reparar um erro depois de tê-lo cometido, ou porque é absolutamente impossível ou porque não está mais em nosso poder, mas

no de nossos oponentes; também as coisas que não nos ajudam ou não são fáceis de se obter. Igualmente são temíveis as coisas que, quando acontecem, ou estão a ponto de acontecer, inspiram compaixão. Essas são, em resumo, quase todas as coisas importantes que devem ser temidas e que os homens temem. Vamos agora falar sobre o estado de espírito que leva os homens ao medo.

[13] Se o medo é acompanhado pelo pressentimento de que iremos sofrer algum mal fatídico, é evidente que as pessoas não temem as coisas que acham que nunca irão lhes causar medo, outras pessoas que elas esperam que não façam nada ou os momentos em que não pensam que essas coisas acontecerão. Portanto, é necessário que aqueles que pensam que podem sofrer alguma coisa tenham medo, seja das pessoas que eles não esperam, seja de certas coisas e de certos momentos.

[14] Os homens que são ou parecem ser muito prósperos não pensam que sofrerão alguma coisa. Por esta razão são insolentes, desdenhosos e audaciosos, e o que os torna assim são a riqueza, a força, as muitas amizades e o poder. O mesmo acontece com aqueles que pensam que já sofreram todos os males possíveis e são friamente indiferentes ao futuro, como àqueles que são espancados com pauladas. Ter alguma esperança de salvação é um incentivo necessário para sentirmos receio. Um sinal disso é que o medo faz os homens deliberarem, ao passo que ninguém delibera sobre coisas para as quais não há esperança.

[15] Para que seja vantajoso que o público sinta medo é necessário que o orador faça seus ouvintes pensarem que vão sofrer o mesmo ao lembrá-los o que sofreram outros maiores do que eles; igualmente mostram o que seus iguais estão sofrendo ou sofreram, tanto por parte daqueles de

quem não esperavam quanto por coisas ou circunstâncias que não pensavam ser prováveis.

[16] Uma vez que deixamos claro o que é o medo, quais são as coisas temíveis e qual o estado de espírito em cada caso que faz os homens temerem, pode-se ver claramente, a partir dessas observações, o que é a confiança, quais são as coisas que a causam e o estado de espírito daqueles que a possuem. A confiança é o contrário do medo e sua causa é contrária à causa dele, de modo que a esperança é acompanhada pela impressão de que as coisas que salvam estão muito próximas, enquanto as coisas que causam medo ou são inexistentes ou estão distantes.

[17] Logo, a confiança é causada pelo afastamento das coisas temíveis ou pela proximidade dos meios de salvação, pela possibilidade de coisas que ajudam, sejam grandes ou numerosas, ou ambas; também se não cometemos nem sofremos injustiças, se não temos rivais ou temos apenas rivais que não têm poder, ou, caso tenham poder, são nossos amigos, tenham feito algum bem para nós ou tenham recebido algum bem de nós; se eles têm interesses iguais aos nossos, mesmo se forem mais numerosos, e/ou mais fortes.

[18] Ficamos confiantes quando estamos nos seguintes estados de espírito: se acreditamos que muitas vezes alcançamos êxito e não sofremos ou se muitas vezes estávamos em grande perigo e dele escapamos, pois os homens se tornam confiantes de duas maneiras: ou porque não possuem experiência ou porque têm meios de ajuda. Como nos perigos do mar: quem nunca experimentou uma tempestade e quem tem meios de obter socorro, como resultado da experiência, confiam no futuro. [19] Também ficamos confiantes quando algo não causa medo em nossos semelhantes, em nossos inferiores nem naqueles aos quais nos consideramos superio-

res [20] – nos consideramos superiores aos que conquistamos, sejam eles superiores ou iguais. Também ficamos confiantes se pensarmos que possuímos mais e melhores vantagens graças ao que temos de temível, como muita riqueza, força física, amigos, territórios, equipamentos militares de todos os tipos ou os mais importantes. Também, se nunca cometemos injustiças contra ninguém, ou apenas contra alguns ou contra quem deve ser temido. [21] Igualmente adquirimos confiança se estamos bem no que diz respeito aos deuses, tanto obedecendo aos seus sinais e oráculos como às demais coisas do tipo. A raiva inspira confiança, pois a injustiça que sofremos, e não a que cometemos aos outros, a provoca, sendo que os deuses deveriam ajudar aqueles que são injustiçados. [22] Por fim, sentimos confiança quando, no início de qualquer empreendimento, pensamos que vamos ter sucesso ou que nada sofremos ou sofreremos.

E, assim, falamos das coisas que inspiram medo ou confiança.

6

As coisas das quais os homens sentem vergonha ou pelas quais sentem despudor, diante de quem, e em que estado de espírito isso acontece, ficará claro a partir das seguintes considerações.

[2] Vamos definir, então, a vergonha como sendo um tipo de dor ou mal-estar em relação a atos passados, presentes ou futuros, que parecem trazer desonra; e o despudor como sendo um certo desprezo e indiferença em relação a essas mesmas coisas.

[3] Se esta definição de vergonha estiver correta, necessariamente temos vergonha de todos os crimes que parecem vergonhosos, seja para nós mesmos ou para aqueles com quem nos importamos. Tais crimes são todos os que se devem ao ví-

cio, como abandonar o escudo ou fugir, pois isso se deve à covardia; ou não devolver o dinheiro da fiança, pois isso se deve à injustiça. [4] Manter relações sexuais com quem não se deve, em lugares ou horários proibidos, pois isso se deve à depravação. [5] Lucrar com o que é mesquinho ou vergonhoso, ou tirar vantagem de pessoas com impossibilidades, como os pobres ou os defuntos; daí o provérbio "roubar de um cadáver", pois isso se deve à cobiça e à mesquinhez. [6] Não ajudar, quando podemos, com dinheiro em questões financeiras, ou dar menos do que podemos, assim como aceitar ajuda de quem tem menos recursos do que nós. [7] Pedir dinheiro emprestado para quem parece que o está mendigando, assim como mendigar para quem quer seu dinheiro de volta e pedir o dinheiro de volta a quem parece que vem mendigá-lo; elogiar alguma coisa para parecer estar pedindo um empréstimo e continuar pedindo mesmo quando não conseguiu obtê-lo, pois todas essas coisas são sinais de mesquinhez. [8] Também elogiar as pessoas quando elas estão presentes, ou exaltar suas boas qualidades e atenuar as más, ou mostrar uma comoção exagerada pela dor de outra pessoa quando está presente, e todas as ações semelhantes, pois elas são sinais de bajulação.

[9] É vergonha também não tolerar os frutos do trabalho dos mais velhos, dos que vivem luxuosamente, dos que ocupam posições mais elevadas socialmente ou, de modo geral, não tolerar os impossibilitados, pois todos esses são sinais de fraqueza. [10] Aceitar favores de outra pessoa com frequência e repreender esses favores, pois todas essas coisas são sinais de pequenez de alma e baixeza de caráter. [11] Falar longamente sobre si mesmo, vangloriar-se de tudo e receber o crédito por algo que outro fez, pois isso é um sinal de arrogância. Da mesma forma, em relação a cada um dos outros ví-

cios de caráter, os atos resultantes deles, seus sinais e as coisas que se assemelham a eles, tudo isso é vergonhoso e deve nos envergonhar.

[12] Também é vergonhoso não ter uma parte nas coisas honrosas que todos os homens têm, ou todos os que se parecem conosco, ou a maioria deles – por aqueles que se parecem conosco, quero dizer aqueles da mesma raça, da mesma *pólis*, da mesma idade, da mesma família e, de um modo geral, os que estão em igualdade de condições –, pois é vergonhoso não participar, por exemplo, do mesmo grau de educação, e outras coisas semelhantes, na mesma medida que tais pessoas. Todas essas coisas são ainda mais vergonhosas se a culpa parece ser nossa, pois elas são imediatamente vistas como resultados dos vícios se nós mesmos formos a causa de defeitos passados, presentes ou futuros.

[13] Ficamos envergonhados quando já sofremos, estamos sofrendo ou poderemos sofrer coisas que tendem à desonra e reprovação; essas coisas são: prostituir-se ou realizar atos vergonhosos que implicam sofrer agressões. Dessas ações, aquelas que promovem a depravação são vergonhosas, sejam elas voluntárias ou involuntárias (sendo involuntárias as feitas à força), uma vez que suportar e não resistir a tais atos são o resultado de frouxidão e covardia. Essas e outras coisas semelhantes são aquelas que causam vergonha.

[14] Uma vez que a vergonha é uma impressão sobre a desonra, por si mesma e não por seus resultados, e visto que ninguém se importa com a opinião dos outros, exceto aqueles que a defendem, necessariamente, os homens sentem vergonha daqueles homens cujas opiniões estimam.

[15] Os homens estimam a opinião daqueles que os admiram, daqueles que admiram, daque-

les por quem desejam ser admirados, daqueles de quem desejam ser rivais e daqueles cuja opinião não desprezam.

[16] Desejam, então, ser admirados por todos esses e admiram ainda os que possuem algo digno de muita estima ou aqueles de quem necessitam eventualmente algum bem que lhes pertence, como é o caso dos amantes. [17] São rivais daqueles que são semelhantes a eles e se importam com a opinião dos homens sensatos – pois é provável que ela seja verdadeira –, como os mais velhos e os que receberam boa educação. [18] Eles também se envergonham mais das coisas que são feitas diante de seus olhos e em plena luz do dia (daí o provérbio: "O pudor está nos olhos"). É por isso que os homens sentem mais vergonha diante daqueles que estarão sempre presentes ou os vigiam, porque em ambos os casos eles estão sob os olhos dos outros.

[19] Os homens também sentem vergonha diante daqueles que não estão sujeitos às mesmas acusações, pois é evidente que suas opiniões são contrárias. Diante daqueles que não são compreensivos com aqueles que parecem errar; pois se supõe que um homem não reprova os outros por algo que ele mesmo faz; então é claro que aquilo que ele reprova nos outros é o que ele mesmo não faz.

[20] Isso também ocorre diante daqueles que gostam de fofocar, pois não há diferença entre fofocar e considerar. Aqueles que tendem a fofocar são os que sofreram injustiças, porque eles estão sempre vigiando, e também os caluniadores, porque, se eles traem um inocente, traem ainda mais o culpado. Diante daqueles que passam o tempo procurando os defeitos alheios – por exemplo, os zombadores e os poetas cômicos –, pois eles também são, de certa forma, caluniadores e fofoqueiros. Também diante daqueles que nunca cometeram um

erro, porque se encontram na condição de serem estimados. Por esse motivo, envergonham-se de quem lhes pede algo pela primeira vez, porque a reputação desse está intacta aos seus olhos. Esses são os que desejaram recentemente a sua amizade (pois só tiveram conhecimento das coisas que possuem de melhor; razão pela qual a resposta de Eurípides aos siracusanos está tão bem-aplicada[53]), ou velhos conhecidos que nada sabem contra nós.

[21] Os homens se envergonham não apenas das coisas vergonhosas das quais falamos, mas também dos sinais delas; por exemplo, não apenas dos prazeres sensuais, mas também dos sinais desses prazeres; não apenas fazer [22] coisas vergonhosas, mas também dizer tais coisas. Da mesma forma, os homens se envergonham não apenas daqueles que foram mencionados, mas também daqueles que revelarão os seus erros, como seus servos ou amigos.

[23] Entretanto, no geral, os homens não se envergonham diante daqueles cuja opinião sobre a verdade eles desprezam muito (pois ninguém sente vergonha diante de crianças ou animais) nem diante daqueles que são conhecidos e desconhecidos; diante de conhecidos, os homens se envergonham de coisas que parecem realmente vergonhosas, e diante de desconhecidos, daquelas coisas que só são condenadas pela lei.

[24] Os homens tendem a sentir vergonha nas seguintes situações: primeiro, se estão diante de outros que são como aqueles de quem falamos anteriormente: que nos fazem sentir vergonha. Esses, como já dissemos, são aqueles que são admirados, que os admiram, por quem desejam ser admirados ou de quem necessitam algum favor, que só obterão se tiverem boa reputação. Além desses, também as pessoas que veem as nossas condutas (como

Cídias, no seu discurso sobre a distribuição do território de Samos, quando pediu aos atenienses para que imaginassem que todos os gregos estavam ao redor deles não apenas para ouvir, mas também ver o que eles iam decretar), que estão próximas ou que estarão cientes de seu comportamento. É por isso que os homens não gostam, quando estão infelizes, de serem vistos por aqueles que já foram seus rivais, pois a rivalidade pressupõe admiração.

[25] Os homens também sentem vergonha quando estão ligados a ações ou coisas vergonhosas; seja por causa deles mesmos, de seus antepassados ou quaisquer outras pessoas com quem tenham algum parentesco. De modo geral, os homens também sentem vergonha daqueles que respeitam – esses já foram mencionados anteriormente –, daqueles com quem têm alguma relação ou daqueles de quem foram professores ou conselheiros. Da mesma forma, quando estão em rivalidade com outros que são semelhantes a eles, [26] pois muitas coisas são feitas ou deixam de ser feitas devido à vergonha que essas pessoas causam. [27] E mais envergonhados ficam quando precisam ser vistos e conviver abertamente com aqueles que estão cientes de seus atos. Por isso o trágico poeta Antifonte, quando estava para ser espancado até a morte por ordem de Dionísio e viu aqueles que iam morrer com ele cobrindo o rosto ao passarem pelos portões, disse: "Por que se escondem? Será que é medo de que alguém na multidão os veja amanhã?"[54]

Sobre a vergonha, é isso que há para dizer; quanto ao despudor, é evidente que dele poderemos obter amplo conhecimento pelos argumentos contrários.

7

As pessoas para as quais os homens prestam favores, por quais razões e em que estado de espírito isso acontece, ficarão claras quando tivermos definido o que é favor. [2] Portanto, vamos considerar o favor como um serviço que, quem o faz, diz que presta um serviço a alguém que necessita dele, não em troca de algo nem por interesse de quem o presta, mas no interesse do beneficiado. E o favor será grande se a necessidade for urgente, se o serviço, os momentos ou as circunstâncias forem importantes ou difíceis, se o benfeitor é o único, o primeiro que o prestou ou o principal. [3] Por necessidades quero dizer desejos e, entre eles, especialmente por coisas cujo fracasso em obter é acompanhado de dor; os desejos são, por exemplo, o amor, também aqueles que surgem em maus-tratos e em situações de perigo, pois quando um homem está em dor ou perigo, ele deseja algo. É por isso que os pobres e os exilados, quando ajudados, por menor que seja essa ajuda, mas atendendo à gravidade e urgência das ocasiões, mostram-se gratos; por exemplo, o homem no Liceu que deu um tapete a outro.

[4] É necessário, então, se possível, que a ajuda seja feita no mesmo sentido dessas necessidades; caso contrário, que seja aplicada a casos de necessidade semelhante ou maior.

[5] Assim, é evidente em que ocasiões, por quais razões e em que estado de espírito surge um sentimento de benevolência, é claro que se deve extrair os argumentos dessas fontes para mostrar que algumas pessoas estiveram ou estavam, ou ainda estão, em tal dor ou necessidade, e que o outro prestou, ou está prestando, tal serviço em um momento de necessidade. É evidente também por quais motivos é possível recusar um favor, ou por quais razões aqueles que o prestam não fizeram movidos pela simples benevolência, pois pode-se dizer que fazem, ou o fizeram, por seu próprio interesse (e isso não é um favor), que foi mero acaso, que agiram

sob compulsão ou ainda que eles estavam fazendo apenas uma retribuição, não um presente, e se fizeram sabendo disso ou não, pois em ambos os casos equivalem a uma retribuição e também, nesse caso, não há favor.

[6] Essa questão deve ser examinada em relação a todas as categorias; pois se há um favor é devido à substância, à quantidade, à qualidade, ao tempo ou ao lugar[55]. Um sinal de que não se fez um favor pequeno é se as pessoas não prestaram um favor menor ainda aos nossos inimigos ou, se prestaram, foi de forma semelhante ou maior, pois é evidente que eles também não agem por nossa causa nesse caso. Também deve ser examinado se o favor foi insignificante e prestado por alguém que soubesse disso, pois ninguém admite que precisa de coisas insignificantes.

8

Já que foi falado sobre o favor e seu oposto, vamos falar agora que coisas e pessoas despertam a piedade, também o estado de espírito de quem a sente. [2] Vamos definir a piedade como uma espécie de dor provocada pela aparição de um mal destruidor ou doloroso que afeta quem não o merece, um mal que pode afetar nós mesmos ou um de nossos amigos, sobretudo se esse mal parece próximo. Pois, evidentemente, aquele que sente piedade deve pensar que ele, ou um de seus amigos, está sujeito a sofrer algum mal semelhante, ou quase semelhante, ao que referimos na nossa definição.

[3] Portanto, nem todos os que estão totalmente arruinados são capazes de ter piedade (pois pensam que não têm mais nada a sofrer, visto que já sofreram tudo) nem os que se consideram muito felizes, que são propensos à insolência, pois se eles pensam que já possuem todas as coisas boas,

é claro que pensam que não podem sofrer mal algum, pois isso está entre as coisas boas. [4] Por outro lado, aquelas pessoas que pensam que sofrerão um mal são aquelas que já sofreram e escaparam dele, como os idosos, em razão de sua sabedoria e experiência; os fracos; aqueles que são bem covardes; os educados, porque são sensatos; [5] e aqueles que têm pais, filhos ou esposas, pois tais pessoas fazem parte deles e podem sofrer os males que foram falados.

[6] Também os que não são influenciados por nenhuma emoção que inspira coragem, como a raiva ou a confiança (pois essas emoções são irracionais quanto ao futuro), os que não estão em um estado de espírito insolente de forma voluntária (pois também são irracionais quanto ao sofrimento futuro), mas sentem piedade dos que estão entre esses extremos. Não sentem piedade aqueles que estão terrivelmente amedrontados, pois esses que estão em pânico são incapazes de ter piedade, já que estão preocupados com suas próprias emoções.

[7] Sente-se piedade quando se pensa que algumas pessoas são virtuosas, pois quem não tem consideração por ninguém pensará que todos merecem sofrer um mal. De modo geral, um homem sente piedade quando se lembra de que tais males já aconteceram, ou espera que possam acontecer, a ele mesmo ou a um de seus amigos.

[8] Assim, está dito sobre o estado de espírito que leva os homens a sentirem piedade, e as coisas que despertam esse sentimento são claramente mostradas na definição. Causam piedade, também, todas as coisas dolorosas, angustiantes, destrutivas e tudo o que é ruinoso; da mesma maneira, todos os males causados pelo acaso, se forem grandes. [9] Coisas angustiantes e destrutivas são: os vários tipos de morte, os maus-tratos, os autoflagelos, a velhice, as

doenças e a falta de comida. [10] Os males causados pelo acaso são a falta de amigos, ou ter poucos amigos (por isso é digno de piedade ser afastado dos amigos), a feiura, a fraqueza, a mutilação, o mal que vem de onde se poderia razoavelmente esperar um bem, [11] ainda mais se isso acontecer com frequência; também um bem que pode vir a acontecer depois de já ter sofrido, como o que aconteceu a Diopites, que recebeu presentes do rei depois de já estar morto. Igualmente deve-se ter pena daqueles a quem nunca aconteceu nenhum bem ou que são incapazes de desfrutá-lo quando acontece. Essas e outras coisas semelhantes, portanto, geram piedade.

[12] Os homens também sentem piedade daquelas pessoas que eles conhecem, desde que não estejam muito intimamente ligados a elas (pois, nesse caso, sentem o mesmo que elas como se eles próprios estivessem sofrendo). É por isso que Amasis não chorou quando seu filho foi levado à execução, como dizem, mas chorou ao ver um amigo mendigando, pois essa situação despertou piedade nele, e, no caso do filho, terror. O terror é diferente da piedade, pois exclui a piedade e muitas vezes serve para provocar sentimentos opostos [13] e, além disso, a proximidade do terror não faz com que os homens tenham piedade. Os homens também têm piedade daqueles que se assemelham a eles em idade, caráter, hábitos, posição ou família, pois todas essas relações parecem torná-los mais propensos a pensar que o infortúnio dessas pessoas também pode cair sobre eles. Pois, em geral, também podemos concluir que tudo aquilo que os homens temem em relação a si mesmos desperta piedade quando os outros são as vítimas. [14] E uma vez que os sofrimentos geram piedade quando parecem próximos, os sofrimentos de dez mil anos atrás ou os que virão daqui a dez mil anos não despertam piedade, ou nada

semelhante, porque os homens não lembram do que é de um passado distante nem esperam o que virá num futuro longínquo. Necessariamente, nessas condições, aqueles que reforçam seu desgosto por meio de gestos, vozes, roupas e ações dramáticas sejam, de um modo geral, mais dignos de pena (pois eles fazem o mal parecer próximo, colocando-o diante de nossos olhos como algo que está para acontecer ou algo que já passou; [15] e os males que acabaram de acontecer, ou estão prestes a acontecer, despertam mais piedade pelo mesmo motivo).

[16] A piedade também é despertada por sinais, como as roupas de quem sofreu, e todos as coisas desse gênero; também as ações, as palavras e tudo o mais que diz respeito a quem está realmente sofrendo, como, por exemplo, quem está à beira da morte. Mas deparar-se com homens honrados em momentos muito críticos desperta muito mais piedade; é que todos esses sinais, essas ações e esses comportamentos aumentam o sentimento de piedade, porque parecem próximos, tanto porque o sofredor parece não merecer seu destino como porque o sofrimento está diante de nossos olhos.

9

Bem, a principal coisa oposta à piedade é o que chamamos de indignação, pois sofrer por males não merecidos é, de certa maneira, contrário a sofrer por êxitos não merecidos, embora provenha do mesmo caráter. E ambas as emoções mostram bom caráter, [2] pois devemos sentir não só tristeza e piedade com aqueles que sofrem sem merecimento, mas também devemos ficar indignados com aqueles que prosperam sem merecimento, pois é injusto o que acontece além dos méritos de um homem; é por isso, também, que atribuímos essa indignação até aos deuses.

[3] Poderia parecer que a inveja também se opõe à piedade, por ser semelhante ou idêntica à indignação, mas é uma coisa bem diferente. A inveja é uma dor perturbadora e dirigida contra o êxito, mas não de quem não a merece, mas de quem é nosso igual e semelhante. Todos os que sentem inveja e indignação devem ter em comum o fato de estarem perturbados, não porque pensam que lhes acontecerá algum mal diferente, mas por causa do seu próximo, pois não será indignação nem inveja, mas será medo de que a sorte do outro pode prejudicá-los se a dor e a perturbação surgirem dessa causa.

[4] É óbvio que esses sentimentos serão acompanhados por sentimentos opostos, pois aquele que sente dor ao ver quem não merece sofrer um mal se alegrará ou não sentirá pena ao ver quem merece sofrer; por exemplo, nenhum homem honesto sofreria ao ver quem mata o próprio pai ou assassinos sendo punidos. É necessário que nos alegremos em tais situações e com o êxito dos homens que fazem o bem e merecem, pois ambas as coisas são justas e fazem o homem digno se alegrar, porque ele espera que aconteça também com ele o que aconteceu com seus semelhantes. [5] E todos esses sentimentos surgem do mesmo caráter, e seus contrários do caráter oposto, pois aquele que é malicioso também é invejoso, visto que, se o invejoso se entristece com a posse ou aquisição de um bem por parte de outra pessoa, ele, necessariamente, alegra-se com a destruição ou com a perda desse bem. Portanto, todas essas emoções são um obstáculo à piedade, embora sejam diferentes pelas razões mencionadas, de modo que todas são igualmente úteis para impedir qualquer sentimento de piedade.

[6] Então, vamos falar primeiramente sobre a indignação, das pessoas de quem os homens se indignam, por quais razões e com que esta-

do de espírito; depois, prosseguiremos para o resto das emoções.

[7] Fica mais claro a partir do que acabamos de dizer, pois, se a indignação é sentir uma dor ao ver um êxito – que é uma coisa boa – aparentemente não merecido, é claro que, em primeiro lugar, não é possível sentir indignação por todas as coisas boas. [8] Ninguém ficará indignado com um homem justo, corajoso ou que pretende adquirir uma virtude (pois não se sente piedade nos casos opostos a esses), mas os homens se indignam com a riqueza, o poder e coisas semelhantes; ou seja, todas as vantagens das quais os homens bons são dignos. Também se indignam com os homens que possuem vantagens naturais, como nascimento nobre, beleza e todas essas coisas.

[9] Visto que o antigo parece próximo do que é natural, os homens sentem mais indignação com quem possui um bem ou o adquiriu recentemente e atribui sua prosperidade a ele; por esta razão, os novos ricos causam mais aborrecimento do que aqueles que possuem riquezas por muito tempo ou as herdaram. O mesmo acontece com os governantes, os poderosos, os que possuem numerosos amigos, os bons filhos e quaisquer outras vantagens do tipo. E se esses bens trazem a eles algum outro bem, os homens ficam indignados da mesma forma, pois também, neste caso, os novos ricos que alcançam um cargo no governo devido à sua riqueza causam mais aborrecimento do que aqueles que são ricos há muito tempo; isso igualmente ocorre em todos os outros casos semelhantes. [10] A razão é que os velhos ricos parecem possuir o que lhes pertence, já os novos ricos não, pois aquilo que sempre se manifestou a nós num único estado sugere que é uma verdade, de modo que os outros – os novos possuidores de bens – parecem possuir o que não é deles.

[11] Nem todo tipo de bem é digno do pri-

meiro homem que aparecer, uma vez que certa proporção e adequação é necessária, como, por exemplo, belas armas não são adequadas para um homem justo, mas para um homem corajoso; casamentos distintos não são adequados para os novos ricos, mas para os nascidos na nobreza. Se um homem virtuoso não obtém o que é adequado para ele, isso é motivo de indignação. Da mesma forma, causa indignação se um homem considerado inferior compete com um superior, sobretudo entre aqueles que buscam um mesmo bem. Por isso, Homero diz: "Ele evitou a batalha com Ájax, filho de Télamo, porque Zeus estava indignado com ele quando lutava com um homem superior"[56]. Se a busca não é pelo mesmo bem, causa indignação em tudo o que o inferior competir com o superior, como o músico com o homem justo, pois a justiça é melhor do que a música.

[12] Por essas coisas, fica claro com quem os homens ficam indignados e por quais motivos. Os homens são propensos à indignação, primeiramente, se por acaso merecem ou possuem os maiores bens, pois não é justo que devam ser considerados dignos dos mesmos bens aqueles que não se assemelham a eles. [13] Em segundo lugar, se acontecer de eles serem virtuosos e dignos, pois ambos julgam corretamente e odeiam as coisas injustas. [14] Também se são ambiciosos e cobiçam certos privilégios, especialmente se forem aqueles que os outros obtiveram sem merecer. [15] De um modo geral, os que se consideram dignos de bens que os outros não merecem tendem a ficar indignados com tais pessoas por causa desses bens. É por isso que os grosseiros, os sem valor e os sem ambições não são propensos à indignação, pois não há nada de que eles se considerem dignos.

[16] É evidente, a partir de tudo isso, em quais casos as desgraças, as calamidades e a

falta de sucesso acabam por alegrar os homens ou, pelo menos, fazer com que eles não sintam dor, pois os opostos são claros pelo que foi dito. Por fim, se o orador coloca os juízes nesse estado de espírito e prova que, aqueles que clamam por sua piedade são indignos de obtê-la e merecem que ela seja recusada, além de provar as razões por que o fazem, então a piedade será impossível.

10

Também está claro por quais razões, de quem e em que estado de espírito os homens têm inveja, se esta é realmente uma espécie de dor ao ver o êxito alcançado por seus semelhantes em relação aos bens mencionados, não para proveito pessoal, mas por causa de outros que os possuem. Isso porque esses homens terão inveja de quem é ou parece ser seus semelhantes. [2] Por semelhantes quero dizer aqueles que têm o mesmo tipo de nascimento, relacionamento, hábito moral, além de mesma idade, reputação e posse. Ficarão com inveja aqueles aos quais pouco falta para possuírem todas essas vantagens (por isso, quem tenta grandes coisas e os homens de sucesso são invejosos), pois pensam que todos querem tirar deles o que é seu. [3] Sentem inveja dos que são honrados por algum motivo especial, principalmente por sabedoria ou felicidade, sendo que os ambiciosos são mais invejosos. Igualmente aqueles que são conscientes de sua sabedoria, pois ambicionam uma reputação de sabedoria; e, de modo geral, aqueles que buscam glória num determinado assunto são invejosos em relação a ele. Também os mesquinhos, porque tudo para eles parece ótimo.

[4] Os bens que despertam a inveja já foram mencionados. As ações ou os bens que fazem os homens desejarem glória, honra e ansiar

pela fama, e também os que são devidos ao sucesso, quase todas essas coisas geram inveja, especialmente quando os homens as ambicionam, pensam que têm direito a elas ou que a posse delas torna-os ligeiramente superiores ou ligeiramente inferiores.

[5] É evidente de quais pessoas os homens sentem inveja, pois elas acabam de ser mencionadas. Eles invejam aqueles que estão próximos em relação ao tempo, ao lugar, à idade e à reputação; por isso foi dito que "o parente também sabe invejar"[57]. Também aqueles com quem estão em rivalidade, dos quais acabamos de falar, pois nenhum homem tenta rivalizar com outros que viveram há dez mil anos, com os que estão para nascer, com os que já estão mortos, com os que vivem perto dos Pilares de Hércules[58] nem com as pessoas e as coisas que, em sua opinião ou na de outros, são muito inferiores ou superiores a ele. [6] E visto que os homens lutam contra seus antagonistas pela honra em competições ou no amor, e geralmente contra os que visam as mesmas coisas, necessariamente é deles que sentem inveja acima de tudo; daí o ditado: "Oleiro contra oleiro". [7] Também invejam aqueles cujas posses ou sucessos são uma afronta para eles (e estes, também, são próximos ou semelhantes a eles), pois é claro que por sua própria culpa não possuem o mesmo bem, de modo que isso dói e causa inveja. [8] Ainda têm inveja daqueles que possuem bens, que adquiriram esses bens naturalmente ou possuem os bens que uma vez já adquiriram; é por isso que um homem mais velho tem inveja de um mais jovem. [9] Os homens que gastaram muito invejam quem gastou pouco para obter o mesmo. [10] Também aqueles que tiveram sucesso com dificuldade, ou até mesmo falharam, invejam o homem cujo sucesso foi rápido.

[11] Por fim, fica claro por quais razões, pessoas e em que estado de espírito os inve-

josos se alegram, pois quando não possuem certas disposições eles ficam aborrecidos, e quando as possuem se alegram, nas circunstâncias opostas. Assim, se os oradores conseguirem provocar tais disposições nos ouvintes ou provar que os adversários são, na verdade, invejosos, como os quais declaramos, é claro que eles não obterão piedade das autoridades.

11

O estado de espírito em que os homens sentem a emulação[59], quais coisas e pessoas a provocam, ficará claro a partir das seguintes considerações. Vamos supor que a emulação seja um sentimento de dor pela presença aparente de bens de alto valor, que nos é possível obter, na posse daqueles que naturalmente se parecem conosco. Dor não devido ao fato de outro possuir esses bens, mas pelo fato de que nós não os possuímos (razão pela qual a emulação é virtuosa e característica dos homens virtuosos, enquanto a inveja é desprezível e característica dos homens vis; pois o homem virtuoso, por conta da emulação, prepara-se para possuir tais bens, enquanto o objetivo do homem vil, por inveja, é impedir que seu próximo os possua). Necessariamente, são capazes de emulação aqueles que se julgam digno de bens que não possuem, pois ninguém ambiciona o que parece impossível (por esses motivos é que os jovens e os nobres são propensos à emulação).

[2] Ela também ocorre com aqueles que possuem bens dignos de homens honrados, que são a riqueza, ter vários amigos, cargos públicos e todas as coisas semelhantes a essas, pois, como é próprio deles serem honestos e porque tais bens pertencem naturalmente aos que são honestos, eles se esforçam para preservá-los. E também àqueles que outros consideram dignos desses bens: [3] honras obtidas

por antepassados, parentes, íntimos, nação ou *pólis*. Tais honrarias despertam a emulação nos homens, pois pensam que elas realmente lhes pertencem e que eles são dignos delas. [4] E se bens valorosos são objeto de emulação, necessariamente, as virtudes e todas as coisas úteis e benéficas para o resto da humanidade também devem sê-lo (pois todos honram as pessoas de bem e os homens virtuosos). O mesmo ocorre com todos os bens que pessoas próximas podem desfrutar conosco, como a riqueza e a beleza, até mais do que a saúde.

[5] Evidentemente, há pessoas que também são objeto de emulação; aquelas que possuem bens ou similares, dos quais já falamos (p. ex.: coragem, sabedoria e autoridade), ou as que têm autoridade (p. ex.: generais, oradores e poderes semelhantes), podem fazer o bem a muitos. [6] O mesmo ocorre com aqueles aos quais muitos desejam ser semelhantes, aos que possuem muitos conhecidos ou amigos; àqueles que muitos ou nós mesmos admiramos, [7] aos que são elogiados por poetas ou por escritores de prosa ou que recebem encômios. Contudo, desprezamos as pessoas de caráter oposto, pois o desprezo é o oposto da emulação, e a ideia de emulação é contrária à ideia de desprezo. Aqueles que estão dispostos à emulação ou a ser emulados por outros devem estar propensos a desprezar os que possuem qualidades contrárias às coisas boas que estimulam a emulação. É por isso que muitas vezes desprezamos os sortudos quando sua boa-sorte não vem acompanhada de bens valorosos.

Por fim, os meios de gerar e destruir as várias emoções nos homens, das quais derivam os métodos de persuasão que lhes dizem respeito, foram agora declarados.

12

Passamos a descrever o tipo de caráter dos homens segundo as emoções, hábitos, idade e sorte. [2] Por emoções quero dizer a raiva, o desejo e coisas semelhantes, das quais já falamos; por hábitos, temos as virtudes e os vícios, dos quais também falamos anteriormente, bem como o tipo de coisa que cada homem escolhe e pratica. As idades são: a juventude, a idade adulta e a velhice. Por sorte, quero dizer nascimento nobre, riqueza, poder e seus contrários e, no geral, boa ou má sorte.

[3] Os jovens, em termos de caráter, estão propensos a desejar e realizar o que desejam. Entre os desejos estão incluídos os corporais, e buscam principalmente os prazeres do amor, que são incapazes de controlar. [4] Contudo, os jovens também mudam facilmente seus desejos e logo se cansam deles; tão rápido desejam como deixam de desejar (pois suas vontades são fortes, mas não são grandes como a fome e a sede nos doentes). [5] Eles são apaixonados, temperamentais, deixam-se levar pela ira e incapazes de controlar sua paixão; pois, devido à sua ambição, não suportam ser menosprezados e ficam indignados quando pensam que estão sendo injustiçados.

[6] Eles também ambicionam a honra, e mais ainda a vitória (até porque a vitória é uma espécie de superioridade e os jovens a desejam por isso). Esse desejo deles por ambas é maior do que o desejo por dinheiro (gostam pouco de dinheiro porque nunca experimentaram ficar sem ele, bem como a máxima dita por Pítaco a Anfiarau[60]).

[7] Continuando, os jovens não veem maldade em tudo, porque nunca testemunharam muitas maldades do mundo; são confidentes porque ainda não foram frequentemente enganados; [8] são

cheios de esperança porque, como aqueles que se embriagam com vinho, sentem naturalmente um calor na vida, e, além disso, ainda não experimentaram muitos fracassos. A maior parte deles vive na esperança, pois ela pertence ao futuro, assim como a memória pertence ao passado; para eles, o futuro é longo e o passado curto; pois no começo da vida não é possível lembrar-se de nada, mas eles têm tudo a esperar. Pelo que acabamos de falar, os jovens são fáceis de serem enganados, pois são espontaneamente esperançosos. [9] São mais corajosos pois são impetuosos e cheios de esperança; enquanto o apaixonado ignora o medo, o esperançoso é confiante, pois ninguém sente medo quando está zangado, e a esperança de alguma coisa boa inspira confiança. [10] Eles são tímidos, pois ainda não compreendem como outras coisas são nobres, além das que lhes foram ensinadas por convenção social[61]. [11] Também são generosos, pois ainda não foram humilhados pela vida e ignoram as necessidades dela; além disso, a generosidade é característica de quem se considera digno de grandes coisas, um sentimento que pertence a quem está cheio de esperança. [12] Em suas ações, preferem o nobre ao conveniente; vivem mais de acordo com o seu caráter do que com o seu raciocínio, pois este visa o conveniente, mas a virtude visa o nobre.

[13] Nessa idade, mais do que em qualquer outra, os jovens gostam de seus amigos e companheiros porque têm prazer em viver na companhia deles e ainda não julgam nada por conveniência, nem mesmo seus amigos. [14] Todos os seus erros se devem ao excesso e à violência, indo ao contrário da máxima de Quílon, pois fazem tudo em excesso: amam em excesso, odeiam em excesso e em tudo o mais são excessivos. Acham que sabem de tudo e afirmam isso com confiança; esta é a causa

do seu excesso em tudo. [15] Cometem injustiças por pura insolência, mas não por maldade. Tendem a ser piedosos porque pensam que todos os homens são virtuosos e melhores do que realmente são, pois medem seu próximo de acordo com sua inocência, de modo que imaginam que eles sofram coisas sem merecer.

[16] Por fim, os jovens gostam de rir e, portanto, são bem-humorados, pois o bom humor é uma espécie de insolência educada.

13

Assim, este é o caráter dos jovens. Os homens mais velhos e aqueles que já passaram da flor da idade apresentam, na maioria dos casos, um caráter praticamente oposto ao dos jovens. Pois, por terem vivido muitos anos, por terem sido mais frequentemente enganados por outros e por terem cometido mais erros, são positivos em relação ao nada, e como a maioria das coisas humanas dá errado, em tudo não apresentam excessiva energia.

[2] Eles têm suas opiniões, mas não sabem nada; e, na dúvida, sempre acrescentam "talvez" ou "é possível" em suas declarações; falam dessa maneira sobre tudo, e nada falam com firmeza. [3] Eles são maliciosos, pois a malícia consiste em ver o pior de tudo. Além disso, sempre suspeitam das coisas devido à desconfiança e são desconfiados devido à experiência. [4] Não amam nem odeiam fortemente as coisas pelas mesmas razões; mas, de acordo com o princípio de Bias[62], amam como se um dia fossem odiar e odeiam como se um dia fossem amar. [5] São mesquinhos porque foram humilhados pela vida, pois não desejam nada que seja grande ou extraordinário, mas somente o necessário para a vida.

[6] Não são generosos, pois a fortuna é uma dessas necessidades; ao mesmo tempo,

sabem por experiência como é difícil obtê-la e como é fácil perdê-la. [7] São covardes e propensos a ser receosos sobre tudo, pois seu estado de espírito é o oposto ao dos jovens; eles são frios, enquanto os jovens são calorosos, de modo que a velhice abre caminho para a covardia, pois o medo é uma espécie de resfriado. [8] São amantes da vida, especialmente nos últimos dias, porque o desejo busca o que está ausente e o que lhes falta é justamente o que mais se deseja. [9] Também são mais egoístas do que o necessário, o que mostra também uma certa pequenez de espírito. Não vivem de acordo com o que é nobre, mas com o que é conveniente; razão pela qual são egoístas, pois o conveniente é bom para o indivíduo, enquanto o nobre é um bem universal. [10] Igualmente são mais sem-vergonhas do que tímidos; pois, visto que não se importam tanto com o que é nobre do que com o que é conveniente, pouco se importam com o que as pessoas pensam. [11] Eles têm pouca esperança devido à sua experiência (pois a maior parte das coisas que acontecem é ruim, e em quase todas as ocasiões acabam tendendo para o pior) e também à sua covardia. [12] Vivem mais de memória do que de esperança, pois a vida que lhes resta será curta, mas a que passou foi longa. A esperança pertence ao futuro, e a memória, ao passado. Esta é a razão de serem tão falantes, pois estão falando incessantemente do passado, porque têm prazer em recordar.

[13] Suas explosões de ira são violentas, mas frágeis. Entre os seus desejos, há os que já pararam de existir e os fracos, de modo que não os sentem nem procuram satisfazê-los, mas apenas agem segundo seu interesse. Por essa razão, os homens dessa idade são considerados ajuizados, pois seus desejos diminuíram e eles são escravos do que é vantajoso. [14] Vivem mais de acordo com o seu

raciocínio do que com o seu caráter moral, pois o raciocínio visa o conveniente e o caráter moral a virtude. Seus atos de injustiça são causados mais por maldade do que por insolência.

[15] Os velhos também tendem a sentir piedade, mas não pelas mesmas razões que os jovens. Estes mostram piedade da humanidade e os velhos da fraqueza humana, porque pensam que estão perto de sofrer todo tipo de desgraças, esta é uma das razões que inclinam os homens à piedade. Por isso, os velhos são ranzinzas, mal-humorados e não gostam de rir, pois reclamar das coisas é o oposto do amor ao riso.

[16] Estes são os caráteres dos homens jovens e dos mais velhos. Portanto, uma vez que todos os homens estão dispostos a ouvir discursos que combinem com seu próprio caráter e oradores que se assemelhem a eles, não é difícil perceber como devemos empregar essas características aos nossos discursos para que, tanto nós quanto nossas palavras pareçam ser de uma forma ou de outra.

14

É evidente que o caráter daqueles que estão no auge da vida será o meio-termo entre o dos outros dois, se o excesso em cada caso for posto de lado. Nessa idade, os homens não são nem excessivamente confiantes (o que é uma audácia), nem muito temerosos, mas preservando uma atitude correta em relação a ambos; [2] nem confiam em todos, nem desconfiam de todos, mas julgam de acordo com a verdade. Não vivem só para o nobre nem para o conveniente, mas os dois ao mesmo tempo. Não são regrados na vida nem esbanjadores, mas preservam a justa medida.

[3] Acontece o mesmo em relação à paixão e ao desejo. Seu autocontrole está acom-

panhado de coragem e sua coragem de autocontrole, ao passo que nos jovens e nos velhos essas qualidades são encontradas separadamente: os jovens são corajosos, mas sem autocontrole; os velhos possuem autocontrole, mas são covardes. Falando em termos gerais, todas as vantagens que a juventude e a velhice possuem separadamente, aqueles que estão no auge da vida possuem combinadas, e todos os casos de excesso ou defeito nos outros dois são substituídos pela devida moderação e adequação. [4] O corpo atinge seu completo desenvolvimento dos 30 aos 35 anos de idade, e a mente por volta dos 49.

Pelo que foi dito, que fique claro sobre a juventude, a velhice e o auge da vida, além do que se refere ao caráter de cada idade.

15

Falemos a seguir dos bens que são devidos à sorte, pelo menos todos aqueles que produzem certos tipos de caráter nos homens. [2] Um caráter comum ao nascimento nobre é, naquele que o possui, uma ambição elevada, pois todos os homens, quando começam com qualquer bem, estão acostumados a acumulá-lo, e a nobreza é uma herança honrosa de seus ancestrais. Esses nobres tendem a desprezar até mesmo aqueles que são tão importantes quanto seus ancestrais, porque as mesmas coisas são mais honrosas e são mais exaltadas quando distantes do que quando são recentes.

[3] O nascimento nobre se refere à excelência de raça, e o ser nobre se refere a não perder suas qualidades naturais. Na maior parte das vezes não é isso que acontece aos nobres, pois muitos deles são homens maldosos. Nas gerações dos homens há uma espécie de colheita, como os frutos do campo; às vezes, se a raça é boa, por certo pe-

ríodo nascem homens extraordinários, depois vem a decadência. Famílias muito idôneas frequentemente acabam se tornando loucas, como os descendentes de Alcibíades e de Dionísio o Antigo; aquelas famílias que são estáveis geram tolos e indolentes, como os descendentes de Címon, Péricles e Sócrates.

16

Os tipos de caráter que acompanham a riqueza são vistos claramente por todos. Os ricos são insolentes e arrogantes; de certa maneira, são afetados pela posse de riqueza, pois parecem pensar que possuem todas as coisas boas; a riqueza funciona como uma medida de valor de todo o resto, porque tudo parece que pode ser comprado por ela. [2] Eles são luxuosos e petulantes; luxuosos por causa de seu luxo e da exibição de sua prosperidade, petulantes, e até rudes, porque estão acostumados que todos devotem atenção a eles e os admirem; também supõem que são objeto de emulação de todos os outros homens. Ao mesmo tempo, é natural que se sintam assim, pois muitos homens precisam dos ricos. Neste sentido, o poeta Simônides respondeu à esposa de Hierão a respeito dos sábios e dos ricos, quando ela lhe perguntou se era preferível ser rico ou sábio: "Rico [respondeu], pois vemos os sábios passando seu tempo às portas dos ricos". [3] Os ricos pensam que são dignos de governar porque acreditam que possuem aquilo que os torna assim. Em resumo, o caráter do rico é de um tolo favorecido pela fortuna.

[4] Ao mesmo tempo, há uma diferença entre o caráter dos novos ricos e daqueles cuja riqueza é antiga, porque os novos ricos têm os vícios da riqueza em maior escala e mais defeitos, pois não foram educados para o uso da riqueza. Por fim, os atos injustos dos ricos não são devidos à maldade, mas

em parte à insolência e em parte ao desregramento, como as agressões e o adultério.

17

Com respeito ao poder, quase todos os tipos de caráter a que ele dá origem são igualmente claros; o poder, em comparação com a riqueza, exibe características parcialmente idênticas e parcialmente superiores. [2] Assim, os poderosos são mais ambiciosos e mais viris em caráter do que os ricos, pois visam a realização de ações que podem cumprir graças ao seu poder.

[3] Eles são mais sérios e estão sempre vigilantes por serem obrigados a cuidar de seu poder; [4] são considerados mais dignos do que arrogantes, pois sua posição os torna mais respeitosos, de modo que evitam excessos; assim, sua dignidade é uma arrogância leve e decente. Já os seus atos injustos nunca são leves, mas grandes.

[5] A boa sorte, em suas diferentes formas[63], também apresenta tipos de caráter correspondentes aos que acabamos de mencionar: aqueles que parecem ser os mais importantes em relação à boa fortuna tendem a se direcionar para a riqueza e o poder. Além disso, a boa fortuna oferece vantagens sobre os outros numa feliz descendência e bens físicos.

[6] Embora os homens sejam mais arrogantes e irracionais devido à boa sorte, isso é acompanhado por uma excelente qualidade; os homens de boa sorte amam aos deuses e mantêm uma certa relação especial com as divindades, tendo confiança neles devido aos benefícios que receberam pelo destino.

Já falamos dos tipos de caráter associados a diferentes idades e fortunas e dos tipos que são opostos aos descritos; por exemplo, o caráter dos pobres, dos desafortunados e dos fracos são óbvios por seus opostos.

18

Uma vez que o uso de discursos persuasivos tem por objetivo formular julgamento – quando conhecemos e julgamos não há mais necessidade de argumentação –, eles são usados nas seguintes situações: quando um orador se dirige a um único indivíduo para o exortar ou dissuadir, como fazem aqueles que aconselham ou tentam persuadir – esse único indivíduo não é inferior a um juiz, uma vez que, de modo geral, aquele que deve ser persuadido é um juiz; quando o orador está argumentando contra um adversário ou contra alguma teoria, pois é necessário fazer uso da palavra para destruir argumentos opostos, contra os quais ele fala como se fossem o verdadeiro adversário; o mesmo ocorre em discursos epitídicos, pois esse discurso é dirigido ao espectador como se ele fosse um juiz. Embora, de modo geral, apenas o juiz é quem julga os pontos em questão, na verdade, esses pontos são controversos e sujeitos à deliberação; em casos judiciais, o ponto em questão é o estado do caso, deliberativos os sujeitos de deliberação. Nós já falamos dos tipos de caráter do governo no tratamento de retórica deliberativa[64], de modo que foi determinado como e por quais meios devemos fazer nossos discursos para estarem em conformidade com esses caráteres.

[2] Uma vez que cada tipo de retórica, como foi dito[65], tem seu próprio fim e, em relação a todos eles, já reunimos opiniões e premissas das quais os homens obtêm suas provas para discursos deliberativos, epitídicos e judiciais[66], e ainda determinamos as regras segundo as quais é possível tornar nossos discursos éticos[67], resta-nos, então, discutir os tópicos comuns aos três tipos de retórica.

[3] Todos os oradores devem servir-se, em seus discursos, do possível e do impossível, e se

esforçar para mostrar como serão as coisas nos discursos deliberativos e como foram as coisas nos discursos judiciais.

[4] Além disso, o tópico a respeito da grandeza é comum a todos os tipos de retórica, pois todos os homens fazem uso da diminuição ou da amplificação, seja deliberando, elogiando ou culpando, acusando ou defendendo.

[5] Uma vez determinados esses tópicos, procuraremos dizer o que for possível sobre entimemas e exemplos de maneira geral, para que, acrescentando o que resta, possamos realizar o que propusemos no início. Bem, entre os tópicos comuns, a amplificação é mais apropriada para a retórica demonstrativa, como já dito[68]; o passado para a retórica forense, porque o julgamento é relativo às coisas passadas; e tanto o possível quanto o futuro, para a retórica deliberativa.

19

Falemos, primeiramente, do possível e do impossível. Se é possível que uma coisa contrária exista ou tenha existido, então pareceria que a outra contrária é igualmente possível; por exemplo, se um homem pode ser curado, ele também pode ficar doente porque a potência dos contrários, enquanto contrários, é a mesma. Igualmente, se de duas coisas semelhantes, uma é possível, a outra também é. [2] E se a coisa mais difícil é possível, então a mais fácil também é. [3] Se é possível que uma coisa seja excelente e bela, [4] é possível que seja feita ou simplesmente exista, isto porque é mais difícil construir uma bela casa do que uma casa comum.

[5] Se o começo é possível, o fim também é, porque nada acontece ou começa a partir das coisas impossíveis; como a diagonal de um qua-

drado, que não é nem poderia ser possível de começar a existir. Mas quando o fim é possível, o começo também é, pois todas as coisas partem de um começo.

[6] Se é possível que exista o posterior, seja por sua essência, seja por sua origem, então é possível que exista o anterior; por exemplo, se um homem pode vir a existir, o mesmo pode acontecer com uma criança, pois a criança é anterior. Da mesma forma, se uma criança pode vir a existir, o homem também pode, pois a criança é um começo. [7] Igualmente as coisas que amamos ou desejamos, naturalmente são possíveis, pois, na maior parte das vezes, ninguém ama ou deseja o que é impossível. [8] E o objeto das ciências e das artes também podem existir ou vir a existir.

[9] O mesmo ocorre com todas as coisas cujos princípios de realização estão nas coisas que podemos controlar pela força ou persuasão; é o que ocorre às pessoas de quem somos superiores, mestres ou amigos.

[10] Falando de modo geral, se as partes são possíveis, o todo também é, e se o todo é possível, suas partes também são; por exemplo, se o corte, os cabinhos e as fivelas de couro podem existir, então podem existir as sandálias, e se as sandálias são possíveis, então as partes citadas também são. [11] Se a origem em si está entre as coisas possíveis de existir, então também é possível a espécie, e se a espécie é possível, então o gênero também é; por exemplo, se um barco pode ser construído, uma trirreme também pode, e se uma trirreme pode ser construída, um barco igualmente pode.

[12] Se de duas coisas naturalmente recíprocas, uma é possível, a outra também é; por exemplo, se o dobro é possível, também é possível a metade; se a metade é possível, então o dobro também é. [13] Se uma coisa pode vir a existir sem arte ou preparação, muito mais poderá existir com a

ajuda da arte e do cuidado. Nesse sentido disse Agatão: "Na verdade, algumas coisas temos que fazer pela arte, enquanto outras nos acontecem por sorte ou por necessidade". [14] E se uma coisa é possível para aqueles que são inferiores, mais fracos ou menos inteligentes, será ainda mais possível para quem é o oposto; como disse Isócrates: "Seria muito estranho se eu sozinho não conseguisse descobrir o que Eutino havia aprendido".

[15] Quanto ao impossível, é claro que ele resulta do contrário do que foi dito sobre o possível.

[16] Para saber se uma coisa aconteceu, ela deve ser examinada a partir dos seguintes pontos de vista: [17] primeiramente, se aquilo que é menos provável aconteceu naturalmente; então o que é mais provável também poderia acontecer. Se o que geralmente é posterior aconteceu, então o anterior também deve ter acontecido; por exemplo, se um homem esqueceu algo, ele deve tê-lo aprendido alguma vez. [18] Se um homem podia e queria fazer algo, então ele fez; todos os homens, quando têm capacidade de fazer alguma coisa e decidem fazê-la, eles fazem, pois nada os impede.

[19] O mesmo ocorreu se um homem desejou fazer algo e não havia obstáculo externo algum; também, se ele foi capaz de fazer isso num estado de raiva; se era capaz e desejava fazê-lo. Isso porque os homens, na maioria das vezes, fazem as coisas pelas quais anseiam e sempre que podem: os viciados por falta de autocontrole e os virtuosos porque desejam o que é bom. [20] Se alguma coisa estava a ponto de acontecer e ser feita, provavelmente, quem estava a ponto de fazê-la também a tenha feito. [21] Se todas as consequências posteriores ou motivos das ações aconteceram, então o antecedente ou a causa também aconteceu; por exemplo, se trovejou,

também houve relâmpago; se um homem provocou alguém, também tentou.

[22] De todas essas coisas, algumas acontecem por necessidade, outras apenas como regra geral. Para estabelecer que algo não aconteceu é evidente que nosso argumento deve derivar do oposto do que foi dito.

[23] Em relação ao futuro, é claro que se pode argumentar da mesma forma, pois se formos capazes e desejarmos fazer algo, será feito. O mesmo acontecerá com as coisas que o desejo, a raiva e o raciocínio nos inspiram a fazer, se tivermos a capacidade. Por esta razão, se um homem tem um desejo impulsivo, ou intenção de fazer algo, provavelmente o fará; visto que, na maioria dos casos, as coisas que estão para acontecer têm mais probabilidade de acontecer do que as que não estão. [24] O mesmo acontece se todos os antecedentes naturais aconteceram; por exemplo, se o céu estiver nublado, provavelmente choverá. [25] Se uma coisa aconteceu por causa de outra, é provável que essa outra também aconteça; por exemplo, se há alicerces é porque uma casa provavelmente será construída.

[26] O que dissemos anteriormente mostra claramente a natureza da grandeza e pequenez das coisas, do maior e do menor, das coisas grandes e pequenas em geral. Pois, ao tratar da retórica deliberativa[69], falamos da grandeza dos bens e, no geral, dos bens maiores e menores. Portanto, uma vez que cada tipo de discurso retórico sugere um certo bem como fim (p. ex., o conveniente, o nobre ou o justo), é evidente que todos os oradores devem realizar as suas amplificações a partir deles.

[27] Além disso, fazer qualquer investigação fora desses argumentos sobre a magnitude e superioridade seria absolutamente falar em vão, pois o

particular tem mais autoridade do que o universal para fins práticos.

Assim, falamos o suficiente sobre o possível e o impossível, sobre saber se uma coisa aconteceu ou se vai acontecer ou não, e sobre a grandeza ou pequenez das coisas.

20

Resta-nos falar sobre as provas comuns a todos os ramos da retórica, uma vez que as provas particulares a cada um já foram discutidas. Essas provas comuns são de dois tipos: exemplo e entimema, pois a máxima é uma parte de um entimema.

[2] Falemos, então, primeiramente, do exemplo, pois o exemplo se assemelha à indução e esta é um princípio [de conhecimento]. Existem dois tipos de exemplo: um que consiste em falar coisas que aconteceram – factual – e um outro em inventá-las – inventado. Os exemplos inventados são subdivididos em comparações ou fábulas, [3] como as de Esopo e as líbias.

Seria um caso do tipo factual de exemplo se alguém dissesse que era necessário se preparar contra o rei persa e não permitir que ele domine o Egito, pois Dario não pôs os pés na Grécia sem antes tomar posse do Egito, mas, assim que conseguiu dominar os egípcios, dirigiu-se à Grécia. Depois, Xerxes não atacou os gregos antes de obter a posse do Egito, mas quando obteve, atacou a Grécia. Então, se o presente rei persa fizer o mesmo, logo depois ele irá a caminho da Grécia; portanto, isso não deve ser permitido.

[4] A comparação é ilustrada pelos ditos de Sócrates; por exemplo, se alguém dissesse que os magistrados não deveriam ser escolhidos por sorteio, pois isso seria o mesmo que escolher

atletas por sorteio e não aqueles competentes para lutar. Ou como sortear um dos marinheiros como o homem que deveria pilotar o navio, como se fosse correto que a escolha fosse decidida por sorteio, não pelo conhecimento de um homem.

[5] Uma fábula, para dar um exemplo, é a de Estesícoro a respeito de Fálaris, ou a de Esopo em favor de um demagogo. Estesícoro, quando os cidadãos de Hímera haviam escolhido o ditador Fálaris e estavam a ponto de dar-lhe um guarda-costas, depois de muitas discussões contou-lhes a seguinte fábula: "Um cavalo ocupava apenas um prado, mas um veado chegou e acabou estragando o pasto; o cavalo, desejando vingar-se do veado, perguntou a um homem se poderia ajudá-lo a punir o veado. O homem consentiu, com a condição de que o cavalo aceitasse que lhe colocasse uma rédea e que permitisse ser montado por ele armado. O cavalo concordou com os termos e o homem montou nele, mas em vez de se vingar do veado, o cavalo tornou-se escravo do homem. Portanto [disse Estesícoro], tomem cuidado para que, no desejo de vingar-se do inimigo, não sejam tratados como o cavalo. Vocês já estão com a rédea, pois escolheram um ditador; se vocês lhe derem um guarda-costas e permitir que ele monte em vocês, então serão com certeza escravos de Fálaris".

[6] Esopo, ao defender em Samos um demagogo que estava sendo julgado por sua vida, contou a seguinte fábula: "Uma raposa, ao atravessar um rio, foi arrastada até um precipício. Como não conseguia sair de lá, ela passou muito tempo sentindo uma terrível angústia e vários carrapatos grudaram em sua pele. Perambulando, um ouriço a viu, e movido por compaixão perguntou-lhe se queria que ele removesse os carrapatos. A raposa recusou, e quando o ouriço perguntou o motivo, ela respondeu: 'Já estão cheios de mim e tiram pouco sangue; mas

se você os levar embora, outros que estão com fome virão e vão sugar o sangue que me resta'. Pois bem, vocês, da mesma maneira, homens de Samos, não sofrerão mais dano deste homem (pois ele é rico), mas, se o condenarem à morte virão outros, que são pobres, e vão roubar e gastar o que lhes resta".

[7] As fábulas são adequadas para falar em público e têm a vantagem de que, mesmo que seja difícil encontrar exemplos semelhantes que realmente aconteceram no passado, é mais fácil encontrar fábulas, pois elas devem ser inventadas se um homem for capaz de ver as semelhanças, assim como as comparações, e isso é fácil para quem estuda filosofia. [8] Assim, embora seja mais fácil obter argumentos das lições transmitidas por fábulas, os argumentos derivados de fatos são mais úteis para a oratória deliberativa, porque em geral o futuro se assemelha ao passado.

[9] Na falta de entimemas, devemos empregar exemplos como provas demonstrativas (pois a prova é produzida por eles); mas quando se tem entimemas, os exemplos devem ser usados como testemunhos e como uma espécie de epílogo para os entimemas. Pois se os exemplos são colocados em primeiro lugar, eles se assemelham à indução, que não é adequada para discursos retóricos, exceto em pouquíssimos casos; se colocados por último, funcionam como testemunhos, que, em todos os casos, é persuasivo. Por isso também é necessário citar vários exemplos, se forem colocados em primeiro lugar, mas apenas um é suficiente se for usado como epílogo, pois um testemunho já é confiável, mesmo que seja único.

Assim, tratamos de quantos tipos de exemplos existem, como devem ser usados e quando.

21

A respeito do uso de máximas, somente após uma máxima ter sido definida é que será mais facilmente evidente em quais assuntos, em quais ocasiões e por quem é apropriado que elas sejam empregadas em discursos.

[2] Bom, uma máxima é uma afirmação que não se aplica a uma coisa em particular, como, por exemplo, que tipo de homem era Ifícrates, mas uma coisa universal; nem mesmo trata de todas as coisas gerais, como, por exemplo, que o reto é o oposto do torto, mas com os objetos das ações humanas, e com o que deve ser escolhido ou evitado com referência a eles. E como o entimema é o silogismo que trata dessas coisas, por assim dizer, as máximas são as premissas ou conclusões dos entimemas sem o silogismo. Por exemplo: "Nenhum homem sensato deve ensinar seus filhos a serem excessivamente espertos"[70], isso é uma máxima; mas quando juntamos a causa e o porquê, o todo forma um entimema; por exemplo, "Pois, sem contar com a preguiça que têm, eles colhem a inveja hostil dos cidadãos"[71]. Outros exemplos de máxima: "Não há homem que seja feliz em tudo"[72]; "Não há homem que seja realmente livre"[73]. Esta última é uma máxima, mas passa a ser um entimema se acrescentarmos: "Pois ele é escravo da riqueza ou do destino"[74].

[3] Se uma máxima é exatamente o que acabamos de dizer, há necessariamente quatro tipo de máximas; pois elas podem ser acompanhadas de um epílogo ou não. [4] Por outro lado, todas aquelas máximas que afirmam algo que é paradoxal ou que é controverso precisam de prova demonstrativa; mas aquelas que não precisam, acontecem sem um epílogo, [5] ou porque já são conhecidas, como, por exemplo, "A saúde é uma coisa excelen-

te para um homem, pelo que me parece" (pois é o que parece a todos); ou porque, assim que são proferidas, tornam-se claras para aqueles que prestam atenção nelas; por exemplo: "Não há amante que não ame sempre"[75].

[6] Quanto às máximas que são acompanhadas por um epílogo, umas são partes de um entimema: "Nenhum homem sensato deve *etecetera*", enquanto outras são verdadeiros entimemas mas não são partes deles, e essas são muito apreciadas. Tais máximas são aquelas em que a razão do que é dito é clara por si mesma; por exemplo: "Sendo um mortal, não guarde um rancor eterno"; dizer que nem sempre se deve guardar um rancor eterno é uma máxima, mas o acréscimo "sendo um mortal" diz o motivo. É o mesmo com a máxima "Um mortal deve se sentir como mortal, não como imortal".

[7] É evidente, portanto, a partir do que foi dito, quantos tipos de máximas existem e em quais casos é apropriado aplicá-las. Pois, em casos de controvérsia ou que forem paradoxais, o epílogo é necessário. Ele pode ser colocado em primeiro lugar, e, nesse caso, a conclusão é usada como uma máxima (p. ex., se alguém dissesse: "Quanto a mim, visto que não convém sujeitar-me à inveja nem à preguiça, digo que não preciso ser educado"); ou então, a máxima é colocada no começo e lhe é acrescentado o epílogo. Em todos os casos que não sejam paradoxais, mas também não sejam evidentes, o motivo deve ser adicionado o mais brevemente possível. [8] Em tais casos são adequados os apotegmas lacônicos[76] e enigmas, como, por exemplo, para se referir ao que Estesícoro disse na assembleia dos locrenses: "Que eles não deveriam ser insolentes, para que as cigarras não fossem forçadas a cantar do chão"[77].

[9] Falar por meio de máximas é adequado às pessoas de idade e sobre as quais

se tem experiência; visto que o uso de máximas antes dessa época é impróprio, assim como contar histórias, além de que falar de coisas das quais não se tem experiência mostra tolice e falta de educação. Um sinal suficiente disso é que os camponeses, sobretudo, gostam de proferir máximas e as declaram facilmente.

[10] Falar, em termos gerais, do que não é universal adequa-se especialmente à reclamação ou ao exagero, e estão no início da demonstração ou após ela.

[11] É necessário, também, fazer uso de máximas comuns e frequentemente citadas, se forem úteis; pois, por serem comuns, parecem ser verdadeiras, visto que todos, por assim dizer, as reconhecem como tais; por exemplo, quem está incentivando seus soldados a enfrentarem o perigo sem antes ter feito os sacrifícios rituais pode dizer: "O melhor dos preságios é defender a pátria"[78]; se eles forem inferiores em número: "O deus da guerra é imparcial"[79]; se os aconselhar a destruir os filhos do inimigo, mesmo que sejam inocentes do mal: "Ingênuo é aquele que, tendo matado o pai, deixa os filhos viverem".

[12] Além disso, alguns provérbios também são máximas, como, por exemplo: "Um vizinho ático"[80].

[13] As máximas também devem ser usadas mesmo quando contrárias aos ditados mais populares (falo do "conheça-te a ti mesmo" e o "nada em excesso"), seja quando o caráter do orador for parecer melhor ou se forem expressas no calor da emoção. Seria um exemplo deste último caso um homem furioso que dissesse: "É mentira que um homem deva conhecer a si mesmo"; em todo caso, se um homem como esse existisse, nunca teria se considerado digno de ser um comandante se tivesse conhecido a si mesmo. O caráter do orador pareceria melhor se dissesse que não é preciso, como dizem os

homens, amar como se fosse um dia odiar, mas antes odiar como se fosse um dia amar.

[14] O propósito também deve ser evidenciado por aquilo que é enunciado; se não, deveria ser explicada a causa; por exemplo, seja dizendo que "Deve-se amar, não como os homens dizem, mas como fosse amar para sempre, pois amar de outro modo é coisa de quem trai", ou dizendo: "O ditado não me agrada, pois o verdadeiro amante deve amar como se fosse amar para sempre". Ou ainda: "Não aprovo essa máxima 'nada em excesso', pois nunca é demais odiar os homens maus".

[15] Além disso, as máximas são de grande ajuda para os oradores por causa da ignorância dos ouvintes, que ficam satisfeitos se um orador, falando em geral, acerta as opiniões que eles defendem sobre casos particulares. O que eu quero dizer ficará claro a partir do que se segue, e, ao mesmo tempo, como se deve caçar as máximas. A máxima, como já dissemos, é uma afirmação universal; consequentemente, os ouvintes se alegram em ouvir falar em termos gerais a opinião que já formaram de forma particular. Por exemplo, se, por acaso, um homem tivesse vizinhos ou filhos ruins ficaria satisfeito se ouvisse a máxima de que "Nada é mais insuportável do que vizinhos" ou "Nada é mais estúpido do que gerar filhos". Portanto, o falante deve se esforçar para adivinhar como os seus ouvintes formaram suas opiniões previamente e quais são, e, então, falar em termos gerais a respeito delas.

[16] Essa é, precisamente, uma das vantagens do uso de máximas, mas a outra é maior ainda, pois torna os discursos éticos. Os discursos têm esse caráter quando seu propósito é claro. Todas as máximas fazem isso, porque aquele que as emprega de maneira geral declara seus propósitos morais; logo, se

as máximas são honestas, elas farão com que o caráter do orador também pareça honesto.

Sobre as máximas: sua natureza, o número de tipos que existem, as maneiras como devem ser usadas e suas vantagens, é suficiente o que acabamos de falar.

22

Agora falemos dos entimemas em geral e onde procurá-los, e depois sobre seus tópicos; pois cada uma dessas coisas apresenta um aspecto diferente. [2] Já dissemos que o entimema é uma espécie de silogismo, também sobre o que o torna assim e no que ele se difere dos silogismos dialéticos; [3] pois, na retórica, a conclusão não deve ser traçada de muito longe nem é necessário seguir todos os passos de um argumento. O primeiro caso é difícil entender devido à sua extensão; o segundo é simplesmente um desperdício de palavras, por afirmar o que é óbvio. É isso que torna o ignorante mais persuasivo do que o educado quando eles estão na presença de multidões; como dizem os poetas: "Os ignorantes são mais hábeis em falar diante de uma multidão"[81]. Isso porque os educados falam de coisas comuns e generalidades, enquanto os ignorantes falam do que sabem e do que mais diz respeito ao público. Portanto, não se deve argumentar a partir de todas as opiniões possíveis, mas apenas daquelas que são definidas e determinadas; por exemplo, pelos próprios juízes ou por aqueles cujo julgamento eles aprovam. Além disso, deve ficar claro que esta parece ser a opinião de todos ou da maioria dos ouvintes, e as conclusões não devem ser tiradas apenas das premissas necessárias, mas também daquelas que são verdadeiras na maior parte das vezes.

[4] Primeiramente, então, deve-se entender que, em relação ao assunto de nosso dis-

curso ou raciocínio, seja ele um silogismo político ou de qualquer outra natureza, é necessário conhecer também os elementos de tal assunto, todos ou uma parte eles; pois, se você não sabe nenhuma dessas coisas não terá de onde retirar uma conclusão.

[5] Vou me explicar: por exemplo, como devemos aconselhar os atenienses a entrar ou não em guerra se não conhecemos seu poder bélico – se é naval, militar, ou ambos –, o quão grande é esse poder, seus recursos, seus amigos e inimigos e, além disso, que guerras já travaram, como se saíram e todas as coisas semelhantes?

[6] Ou, como poderíamos elogiá-los se não soubéssemos da batalha naval de Salamina ou da batalha de Maratona, ou de tudo o que foi feito pelos heráclidas, além de outras coisas semelhantes? Porque os homens sempre baseiam seus elogios naquilo que realmente são feitos gloriosos, ou, pelo menos, parecem ser.

[7] Da mesma forma, eles baseiam sua censura em ações que são contrárias a essas, examinando se os censurados realmente as cometeram, ou parecem tê-las cometido; por exemplo, que os atenienses dominaram e escravizaram os habitantes de Egina e de Potideia que lutaram com distinção ao seu lado contra os bárbaros, e quaisquer outras ofensas semelhantes que possam ter sido cometidas por eles. Da mesma forma, na acusação e na defesa, os oradores argumentam a partir do exame de fatos pertinentes a essas duas formas de discurso.

[8] Não faz diferença se é uma questão de atenienses ou espartanos, de um homem ou de um deus. Pois, ao dar um conselho a Aquiles, louvá-lo ou censurá-lo, acusá-lo ou defendê-lo, devemos compreender tudo o que realmente pertence, ou parece pertencer, a ele, para elogiar e censurar a partir desses

fatos, se houver algo nobre ou vergonhoso; ou acusar ou defender, se houver algo justo ou injusto; ou dar conselhos, se houver algo conveniente ou nocivo. [9] Da mesma forma, tudo isso é válido em relação a qualquer outro assunto. Por exemplo, no que diz respeito à justiça, seja ela boa ou não, devemos considerar a questão em relação ao que é inerente à justiça ou ao bem.

[10] Portanto, sendo uma evidência de que todos os oradores seguem esse método nas demonstrações, sejam seus silogismos mais rigorosos ou mais brandos – pois não derivam seus argumentos de todos os pressupostos, mas do que é inerente a cada assunto particular –, é necessário que, servindo-se do discurso, seja impossível provar qualquer coisa de outra maneira, precisamente como foi falado nos *Tópicos*: é indispensável que se tenha primeiro uma seleção de premissas sobre as probabilidades de cada assunto, do que seria mais adequado a cada um.

[11] Quanto àqueles a serem usados em uma improvisação, o mesmo método de investigação deve ser adotado. Não devemos olhar para o que é indefinido, mas para o que é inerente ao assunto tratado no discurso, usando o maior número de fatos quanto possível, especialmente aqueles intimamente ligados ao assunto. Isso porque, quanto mais fatos se tem, mais fácil é demonstrar, e quanto mais intimamente ligados ao assunto, mais particulares são e também menos comuns.

[12] Por fato comum quero dizer, por exemplo, elogiar Aquiles porque ele é um homem, ou um dos semideuses ou ainda porque lutou contra Troia. Isso também se aplica a muitos outros, de modo que tal elogio não é mais adequado a Aquiles do que a Diomedes. Por fato particular quero dizer, usando o mesmo exemplo, o que pertence a Aquiles,

mas a mais ninguém: ter matado Heitor, o melhor dos troianos, e Cicno, que impediu o desembarque de todos os gregos por ser invencível. Ter ido para a guerra quando muito jovem e sem ter feito o juramento também é um desses casos particulares, como também as outras coisas do mesmo gênero.

[13] O primeiro método de seleção, então, é o tópico. Vamos agora falar dos elementos dos entimemas; quero dizer a mesma coisa quando falo de elemento e tópico. Contudo, vamos primeiramente tratar de algumas observações necessárias.

[14] Há dois tipos de entimemas: os demonstrativos, que provam que uma coisa é ou não é; e os refutativos. A diferença é igual a que se encontra na dialética entre refutação e silogismo.

[15] O entimema demonstrativo é aquele no qual as conclusões são obtidas de premissas com as quais [o adversário] está de acordo; já o entimema refutativo é aquele no qual as conclusões são contestadas pelo adversário.

[16] Quase todos os tópicos gerais de cada tipo de entimema, que são úteis ou necessários, já nos são conhecidos. Anteriormente selecionamos as proposições relativas a cada um dos entimemas, de modo que devemos seguir nessa mesma linha e estabelecer todos os tópicos dos quais os entimemas podem ser derivados sobre os assuntos relativos ao bem ou ao mal, ao belo ou ao vergonhoso, ao justo ou ao injusto. Sobre os assuntos relativos às emoções, ao caráter e às disposições, já foram selecionados com esse mesmo método.

[17] Vamos agora seguir um outro método sobre os tópicos dos entimemas universais observando, num capítulo suplementar, aqueles que são refutativos e aqueles que são demonstrativos, como também os entimemas que são aparentes; ou seja, que

não são realmente entimemas, uma vez que não são silogismos. Depois que todas essas coisas ficarem claras, definiremos as refutações, as objeções e de onde elas devem ser derivadas para refutar os entimemas.

23

Um tópico de entimemas demonstrativos é aquele que deriva de seus opostos, pois é necessário considerar se um oposto está compreendido num outro oposto como meio de destruir um argumento ou como meio de construir um. Por exemplo, ser sensato é bom, pois a falta de sensatez é prejudicial; ou como é dito no *Messeníaco*: "Se a guerra é responsável pelos presentes males, com a paz deve-se corrigi-los". "Se é injusto ficar com raiva daqueles que erraram sem querer, não é apropriado sentir a necessidade de agradecer alguém que é forçado a nos fazer o bem". "Se dizer mentiras a fim de persuadir é um hábito nos mortais, também deve-se admitir o contrário, que os homens muitas vezes não acreditam no que é verdadeiro"[82].

[2] Outro tópico é derivado de inflexões semelhantes, pois, da mesma maneira, elas devem ser previsíveis quanto ao sujeito ou não; por exemplo, que o justo não é inteiramente um bem, pois, nesse caso, o bem seria previsível de qualquer coisa que aconteça com justiça; mas ser condenado à morte justamente não é desejável.

[3] Outro tópico é derivado de termos recíprocos, pois se praticar uma ação correta ou de forma justa pertence a um termo, então ter sofrido da mesma forma pertence, de maneira recíproca, a outro termo. Existe a mesma relação entre ter ordenado e ter cumprido, como dizia o cobrador de impostos Diomedonte: "Se vender não é vergonhoso para vocês, então comprar não é vergonho-

so para nós". Bem, se as ações corretas e de forma justa são atribuídas a quem sofre, então, igualmente, podem ser atribuídas a quem as inflige. No entanto, há possibilidade de um falso raciocínio nisso, pois se um homem sofreu algo de forma justa, isto talvez não tenha acontecido por suas mãos. Portanto, é preciso examinar separadamente se o sofredor merece sofrer e se aquele que inflige o sofrimento é a pessoa certa para fazer isso e, em seguida, usar o argumento apropriado, pois às vezes poderá haver diferença em tal caso e nada impede que seja perguntado, como na tragédia *Alcméon*, de Teodectes: "E nenhum dos mortais odiava sua mãe?", Alcméon respondeu: "Mas é preciso examinar o assunto e fazer uma distinção". Quando Alfesibeia lhe perguntou como, ele respondeu: "A decisão do juiz foi que ela morresse, mas não cabia a mim matá-la". Outro exemplo pode ser encontrado no julgamento de Demóstenes e daqueles que mataram Nicanor. Pois, uma vez que foi decidido que eles o haviam matado de forma justa, pensou-se que ele havia sido condenado à morte também de forma justa. Novamente, no caso do homem que foi assassinado em Tebas, sobre o qual foi exigido que houvesse um julgamento para decidir se o homem merecia mesmo morrer, já que não seria injusto condená-lo à morte se merecesse morrer.

[4] Um outro tópico é derivado do mais e do menos. Por exemplo, se nem mesmo os deuses sabem tudo, menos ainda sabem os homens. Isso equivale a dizer que, se uma afirmação não se aplica ao que seria mais aplicável, é claro que não se aplica ao que seria menos. Argumentar que um homem que bate em seu pai também bate em seus vizinhos é um exemplo da regra de que, se existe o menos, o mais também existe, pois bater nos vizinhos é mais provável enquanto bater no pai é menos. Ou ainda, se uma afirmação se aplica ao que é mais pro-

vável, então não é aplicada ao que é menos provável, sendo necessário que se demonstre a existência ou inexistência de um ou de outro.

[5] Além disso, o uso desse argumento também não está relacionado ao mais ou ao menos, de onde foi dito: "Teu pai merece ser digno de compaixão por ter perdido seus filhos; mas Eneu também não é igualmente digno de pena por ter perdido um filho ilustre?" Outros exemplos de argumentos são: se Teseu não errou, Alexandre também não; se os filhos de Tíndaro não erraram, Alexandre também não; e se Heitor não errou ao matar Pátroclo, então Alexandre não errou ao matar Aquiles. Ou ainda: se nenhum outro artista é desprezível, os filósofos também não são; se os generais não são desprezíveis porque foram frequentemente condenados à morte, os sofistas também não são; ou, "Se cabe a um simples cidadão cuidar de vossa reputação, é vosso dever cuidar da Grécia".

[6] Outro tópico é derivado da observação do tempo. Por exemplo, Ifícrates, em seu discurso contra Harmódio, disse: "Se antes de fazer qualquer coisa eu tivesse pedido uma estátua sua, caso eu tivesse sucesso, você a teria concedido. Agora que consegui, você vai recusar? Portanto, não faça uma promessa quando você espera um serviço para não tê-la de cumprir depois que tiver recebido". Mais um outro exemplo: para persuadir os tebanos a permitir que Filipe passasse por seu território para chegar à Ática, os macedônios foram informados de que "se ele tivesse feito esse pedido antes de ter considerado ajudar os foceus, eles teriam prometido; é um absurdo, portanto, que ele agora confie que não o deixarão passar só porque ele desperdiçou uma oportunidade"[83].

[7] Ainda há o tópico que consiste em devolver ao adversário as palavras que ele mesmo disse

contra nós, como, por exemplo, na tragédia *Teucro*. São várias as maneiras de fazer isso, como aquela empregada por Ifícrates contra Aristofonte, quando este lhe perguntou se ele trairia a frota em troca de dinheiro. Quando Aristofonte disse que não, Ifícrates retrucou: "Então se você, Aristofonte, não trairia, será que eu, Ifícrates, iria fazer isso?" Porém, é necessário que o oponente seja alguém que pareça ter mais probabilidade de cometer um crime, porque, do contrário, pareceria um absurdo; como, por exemplo, para responder à acusação de Aristides, argumentando o mesmo princípio para causar desconfiança contra o acusador. De um modo geral, o acusador pretende ser melhor do que o acusado e, por consequência, deve ser demonstrado que este não é o caso. De um modo geral é um absurdo quando um homem censura outros por algo que ele mesmo faz ou faria, ou ainda quando encoraja os outros a fazerem o que ele próprio não faz ou não faria.

[8] Existe o tópico derivado da definição. Por exemplo: O que é o divino? "Nada mais é do que um deus ou a obra de um deus. Naturalmente, aquele que acredita que é obra de um deus, necessariamente também acredita que os deuses existem"[84]. Outro exemplo é de quando Ifícrates desejou provar que o mais nobre homem é o melhor. Ele argumentou que não havia nada de nobre ligado a Harmódio e Aristogíton antes de eles terem feito algo nobre; e que ele mesmo era mais parecido com eles, porque "As minhas ações são mais parecidas com as deles do que com as suas". E, ainda, como é dito no *Alexandre*, que todos os homens desenfreados não se contentam com o prazer de um só corpo. Além disso, a razão pela qual Sócrates se recusou a visitar Arquelau, declarando que era vergonhoso não poder retribuir um favor, bem como um mau tratamento[85]. Todos esses casos constroem os seus silogis-

mos, e a partir deles as conclusões sobre o assunto em questão são retiradas.

[9] Existe um tópico derivado dos diferentes sentidos de uma palavra, conforme explicado nos *Tópicos* sobre o uso correto desses termos.

[10] Um outro é derivado da divisão. Por exemplo, se todos cometem injustiças por três motivos, é impossível que seja por dois deles; quanto ao terceiro, nem mesmo os acusadores o afirmam.

[11] Há o tópico da indução. Por exemplo, argumenta-se que, a partir do caso da mulher de Pepareto, são as mulheres que sempre determinam a verdade na questão da paternidade dos filhos; isso foi o que a mãe declarou em Atenas para o orador Mantias, que negava que o filho fosse seu. Também em Tebas, quando Ismênia e Estílbon discutiam por causa de uma criança; a mãe, natural da cidade de Dodona, declarou que Ismênia era realmente o pai da criança e por isso Tessalisco foi devidamente reconhecido como seu filho. Há outro exemplo na *Lei de Teodectes*: "Se não confiamos nossos próprios cavalos àqueles que trataram mal os cavalos de outros, ou nossos navios àqueles que afundaram os navios de outros, então, se assim for em todos os casos, não devemos confiar nossa própria segurança àqueles que falharam em preservar a segurança de outros". Da mesma forma, a fim de provar que todos honram os sábios, Alcídamas disse: "Os habitantes de Paros honraram Arquíloco, apesar de ser um difamador; os de Quios honraram Homero, embora ele não fosse um cidadão de lá; os de Mitilene honraram a poetisa Safo, apesar de ser uma mulher; os de Esparta honraram Quílon e até o fizeram entrar no conselho dos anciãos, apesar de não amarem as letras; os italiotas honraram Pitágoras; os habitantes de Lâmpsaco sepultaram Anaxágoras, embora fosse um es-

trangeiro, e até hoje ainda o honram. [...]⁸⁶. Os atenienses eram felizes enquanto viviam sob as leis de Sólon e os espartanos sob as de Licurgo, e em Tebas, assim que os protetores da *pólis* se tornaram filósofos, a *pólis* prosperou".

[12] O tópico seguinte é o de um julgamento anterior a respeito do mesmo assunto, semelhante ou contrário, sobretudo aquele cuja sentença foi unânime ou a mesma em todos os momentos. Se não, quando foi, pelo menos votação da maioria: dos sábios (todos ou a maioria); dos bons; dos próprios juízes; daqueles cujo julgamento os juízes aceitam; daqueles cujo julgamento não é possível contradizer, como o das autoridades; daqueles cujo julgamento é impróprio contradizer, como o dos deuses, de um pai ou de mestres. Como Áutocles disse em seu ataque a Mixidêmides: "Se as veneráveis deusas aceitaram dignamente ter um julgamento no Areópago, não deveria também Mixidêmides?" Como Safo, dizendo que a morte é um mal, pois "os deuses assim decidiram; caso contrário, eles então morreriam". Ou como Aristipo, quando respondeu a Platão que, em sua opinião, ele se expressou muito presunçosamente: "De fato, mas nosso companheiro, de qualquer forma, nunca falaria assim", referindo-se a Sócrates. Quando Agesípolis perguntou ao deus de Delfos, após ter consultado o oráculo de Olímpia, se sua opinião era a mesma de seu pai, Zeus, pois seria vergonhoso contradizê-lo⁸⁷. Igualmente o que Isócrates escreveu a respeito de Helena, dizendo que era uma mulher virtuosa porque Teseu assim a julgava. O mesmo se aplica a Alexandre, a quem as deusas escolheram como árbitro. Também que Evágoras era virtuoso, pois, como diz Isócrates: "Cónon, por exemplo, em seu infortúnio, abandonou todos os outros e foi até Evágoras"⁸⁸.

[13] Outro tópico é o derivado das partes, como nos *Tópicos*: Que tipo de movimento é a alma? Pois deve ser isto ou aquilo[89]. Há um exemplo disso no *Sócrates* de Teodectes: "Que templo ele profanou? Qual dos deuses reconhecidos pela *pólis* ele não honrou?"

[14] Um novo tópico: visto que na maioria dos assuntos a mesma coisa é acompanhada por algum resultado bom ou mau, ele é retirado das consequências para exortar ou dissuadir, acusar ou defender, elogiar ou culpar. Por exemplo, a educação tem como consequência ser invejada (que é um mal) e ser sábia (que é um bem); portanto, não devemos ser educados, pois devemos evitar ser invejados; por outro lado, devemos ser educados, pois devemos ser sábios. Este tópico constitui a *Arte* de Calipo, que incluiu o tópico do possível e os outros que já foram mencionados.

[15] Ainda há um tópico que pode ser empregado quando for necessário exortar ou dissuadir em relação a dois opostos, devendo-se empregar, para ambos, o tópico visto anteriormente. Mas há uma diferença: no primeiro caso, as coisas são opostas por acaso, e, no último, são termos opostos. Por exemplo, uma sacerdotisa que não permitia que seu filho falasse em público, disse: "Pois se você disser o que é justo, os homens o odiarão; se você disser o que é injusto, será odiado pelos deuses. Nesse caso, você deve falar em público, porque se disser o que é justo, os deuses o amarão e, se disseres o que é injusto, será amado pelos homens". Como diz o provérbio: "Comprar o pântano com sal"[90]. Isso consiste em um dilema: quando duas coisas são opostas, cada uma resulta num bem ou num mal, sendo o bem e o mal opostos como as próprias coisas.

[16] Uma vez que os homens não elogiam as mesmas coisas em público e em segredo (pois, em público, elogiam principalmente as coisas jus-

tas e belas, e em segredo desejam o que é mais conveniente), um outro tópico aqui derivado consiste em se esforçar para deduzir o oposto a partir dessas afirmações. Este tópico é o mais importante dos que tratam acerca do paradoxo.

[17] Outro tópico é derivado da analogia. Por exemplo, quando tentaram forçar seu filho, que era muito jovem e alto, a prestar serviços públicos, Ifícrates disse que se consideram como homens os meninos altos, deve-se decretar, também, que os homens baixos são meninos. Da mesma forma, Teodectes, em *A lei*, diz: "Já que você faz de cidadãos os mercenários, como Estrábax e Caridemo, por conta de suas bondades, não vai banir aqueles mercenários que causaram problemas irreparáveis?"

[18] Há um tópico que consiste em concluir que se as causas são as mesmas, então os resultados também são. Por exemplo, Xenófanes dizia que há impiedade tanto em afirmar que os deuses nascem como em dizer que morrem; pois, em ambos os casos, o resultado é haver algum momento em que os deuses não existem. E, de modo geral, pode-se sempre considerar iguais os resultados produzidos em cada um dos dois termos: "Você está prestes a decidir, não apenas sobre Isócrates, mas sobre a educação em si, se é útil estudar filosofia"[91]. E, do mesmo modo, diz-se que dar terra e água é ser escravo, e participar numa paz comum implica cumprir ordens. Portanto, de duas alternativas deve-se escolher a que for útil.

[19] Um outro tópico deriva do fato de que nem sempre os homens escolhem a mesma coisa antes e depois, mas sim o contrário. O seguinte entimema é um exemplo: "Se, no exílio, lutamos para voltar à nossa pátria, agora que voltamos, voltaremos ao exílio para que não lutemos?" Isso equivale a dizer que, em um momento, eles preferiram retor-

nar do exílio para não lutar e, em outro, não lutar pagando o preço de ser exilados novamente.

[20] Outro tópico consiste em sustentar que algo que geralmente é ou acontece é a causa determinante do que seria ou aconteceria; por exemplo, se alguém fosse dar algo de presente a outra pessoa e, a fim de causar-lhe dor, tirasse esse presente dela. De onde foi dito: "Não é por benevolência que a divindade concede grandes bênçãos a muitos, mas para que eles possam sofrer desgraças mais visíveis". Também estes versos do *Meléagro* de Antifonte: "Não para matar o monstro, mas para que sejam testemunhas do valor de Meléagro perante a Grécia". E podemos citar as palavras do *Ájax* de Teodectes, de que Diomedes escolheu Odisseu antes de todos os outros, não para honrá-lo, mas para ter um companheiro que pudesse ser seu inferior, pois esse pode ter sido o motivo.

[21] Há um tópico comum à retórica forense e deliberativa que consiste em examinar as coisas que são exortativas e dissuasivas, além das razões que levam os homens a praticarem ou evitarem tais coisas. Razões que, se existem, nos convém agir; se não existem, não convém; por exemplo, se uma coisa é possível, fácil ou útil para nós ou nossos amigos, ou prejudicial para nossos inimigos; ou, no caso de ser prejudicial, se o prejuízo é menor do que o lucro. Com base nesses fundamentos, é a partir deles que exortamos e a partir de seus contrários que dissuadimos. Pelos mesmos motivos acusamos e defendemos, pois o que dissuade serve para a defesa e o que convence, para a acusação. Este tópico abrange toda a *Arte* de Pânfilo e Calipo.

[22] Também existe um tópico derivado de coisas que se pensa acontecer, até mesmo as inacreditáveis, porque nunca se acreditariam nelas se

não tivessem acontecido ou quase acontecido. Além disso, essas coisas são ainda mais prováveis de serem verdadeiras, pois só acreditamos no que existe ou no que é provável. Se, então, uma coisa é inacreditável e improvável, ela é verdade, pois não é por ser provável e acreditável que pensamos ser verdade. Assim, Ândrocles o Piteu, criticando a lei e percebendo gritos contra ele quando disse que "as leis precisam de uma lei para corrigi-las e os peixes precisam de sal, embora não seja provável nem acreditável que os criados em água salgada precisem de sal; da mesma forma, azeitonas precisam de azeite, embora seja inacreditável que aquilo que produz azeite precisa de azeite".

[23] Um outro tópico apropriado para refutação consiste em examinar pontos contraditórios, seja em datas, ações ou palavras, e dirigir, separadamente, essas contradições contra o adversário; por exemplo, o orador diz: "Ele fala que os ama e ainda assim conspirou com os Trinta", e, separadamente, dirigindo-se a si mesmo, diz: "Ele fala que eu amo os processos, mas não pode provar nenhuma vez que provoquei uma ação judicial contra alguém". Por último, separadamente, referindo-se a si mesmo e ao seu adversário: "Ele nunca emprestou nada, enquanto eu já resgatei muitos de vocês".

[24] Outro tópico, quando homens ou coisas foram caluniados – ou parecem que foram – consiste em expor o motivo da calúnia, pois deve haver uma razão para ela; por exemplo, tendo uma mulher caído sobre seu filho, por conta de um forte abraço, deu-se a entender que ela tinha relações íntimas com ele, mas quando o motivo foi explicado, a calúnia foi anulada. Vemos outro exemplo no *Ájax* de Teodectes: Odisseu explica a Ájax por que ele (Odisseu) não parece ser mais corajoso do que Ájax, embora realmente fosse.

[25] Ainda há um tópico derivado da causa. Se a causa existe, o efeito existe; se a causa não existe, o efeito não existe, pois o efeito existe com a causa e sem causa não há nada; por exemplo, Leódamas, ao se defender da acusação de Trasíbulo de que seu nome havia sido afixado na Acrópole[92], mas que o tinha apagado na época dos Trinta, disse que era impossível, pois os Trinta confiariam mais nele se na pedra tivesse ficado gravado seu ódio contra o povo.

[26] Há um tópico que consiste em examinar se haveria, ou há, uma outra ação melhor do que aquela que está sendo aconselhada, está sendo feita ou foi feita. Isso porque, evidentemente, se a pessoa não faz isso, ela não cometeu determinada ação, pois ninguém, proposital ou conscientemente, escolhe o que é mau. No entanto, esse argumento pode ser falso, pois muitas vezes só depois fica claro qual era o melhor caminho a seguir, pois antes era incerto.

[27] Outro tópico: quando algo contrário ao que já foi feito está a ponto de ser feito, é preciso examinar ambos ao mesmo tempo; por exemplo, quando o povo de Élea perguntou a Xenófanes se deviam, ou não, fazer sacrifícios e entoar cantos de dor à Leucoteia[93], ele os aconselhou que, se acreditassem que ela era uma deusa, nada de cantos, e se acreditassem que ela era mortal, nada de sacrifícios.

[28] Um outro consiste em acusar ou se defender na utilização dos erros cometidos pelos adversários; por exemplo, na *Medeia*, de Cárcino, alguns acusam Medeia de haver matado seus filhos, pois não se encontravam em parte nenhuma (ela havia cometido o erro de mandar suas crianças para longe). A própria Medeia alega que ela matou, não seus filhos, mas seu marido Jasão, pois teria sido um erro da parte dela não ter feito isso se ela tivesse feito o outro. Este tópico e este tipo de entimema constituem toda a primeira *Arte* de Teodoro.

[29] Por fim, um outro tópico é derivado do significado de um nome; por exemplo, Sófocles diz: "Certamente tu és ferro, como o teu nome"[94]. Este tópico também é comumente empregado ao louvar os deuses. Também no caso de Cónon, que costumava chamar Trasíbulo de "o ousado conselheiro"[95]; Heródico, que dizia a Trasímaco: "Você é sempre ousado na luta"[96]; a Polo: "Você é sempre um potro"[97]. Da mesma forma, de Draco o Legislador se dizia que suas leis não eram de um homem, mas de um dragão (porque eram severas). Hécuba, em *Eurípides*, assim fala de Afrodite: "É com razão que o nome da deusa começa com a palavra loucura"[98]; e Querémon falava sobre Penteu: "Nomeado devido a seu futuro infeliz"[99].

[30] Os entimemas que servem para a refutação são mais populares do que os que servem para a demonstração, porque o refutativo é uma junção de opostos em um curto espaço e as coisas que estão juntas são sempre mais claras para o público. Porém, de todos os silogismos, sejam eles refutativos ou demonstrativos, os de maiores aplausos são aqueles cujo resultado os ouvintes preveem assim que são iniciados, e por não serem superficiais (pois, ao ouvirem, se alegram, ao mesmo tempo, porque tinham previsto a conclusão); assim como aqueles em que os ouvintes só entendem o que significam quando estão sendo enunciados.

24

Todavia, já que é possível que alguns silogismos possam ser reais e outros não reais, mas apenas aparentes, deve haver também entimemas reais e aparentes, visto que o entimema é uma espécie de silogismo.

[2] São tópicos de entimemas aparentes os seguintes: os dois tipos que provêm do modo de expressar, sendo que o primeiro, como na

dialética, consiste em terminar com uma conclusão expressa por silogismos, embora não tenha havido processo silogístico, "uma não é isto nem aquilo; logo, deve ser isto ou aquilo"; e, no caso dos entimemas, em argumentos retóricos, uma declaração concisa e antitética é considerada um entimema (pois tal forma de expressão é domínio de um entimema real) e parece ser um aspecto da forma de expressão. Para se expressar de maneira semelhante a um raciocínio por meio de silogismos, é útil declarar os princípios de vários silogismos; por exemplo, que "ele salvou alguns, vingou outros e libertou os gregos"; cada uma dessas proposições foi demonstrada por outros, mas sua união parece resultar numa nova conclusão. O segundo tipo do modo de expressar é a ambiguidade. Por exemplo, se alguém dissesse que o rato é um animal importante, pois dele procede os mistérios, que é o mais honrado festival religioso de todos[100]; ou se, para elogiar um cão, alguém o comparasse ao Cão Celestial, ou a Pã, porque Píndaro disse: "Ó abençoado, a quem os olímpicos chamam de cão da grande deusa, assumindo todas as formas"[101]; ou para dizer que não ter um cão [em casa] é muito desonroso, já que ele é um animal honroso. Outro exemplo é dizer que Hermes é, entre todos os deuses, o mais disposto a partilhar, porque só ele é chamado de "comum Hermes"[102]; e também dizer que as palavras são as coisas mais excelentes, visto que os homens bons são dignos, não de riquezas, mas de consideração; por isso, a expressão *lógou áksios* é falada sem causar confusão[103].

[3] Outro tópico consiste em argumentar ao combinar o que está dividido ou ao dividir o que está combinado. Porque, visto que uma mesma coisa parece frequentemente uma outra coisa que não é, deve-se adotar a alternativa mais conveniente em cada situação. Esse foi o argumento

de Eutidemo, para provar, por exemplo, que sabe que existe uma trirreme no Pireu, porque conhece a existência de duas coisas: o Pireu e a trirreme; ou aquele argumento de que quando se conhece as letras também se conhece as palavras feitas delas, pois palavra e letras são a mesma coisa. Além disso, uma vez que a dose dupla é prejudicial à saúde, pode-se argumentar que nenhuma delas é a quantidade original saudável, pois seria absurdo que duas metades separadamente fossem boas, mas prejudiciais quando combinadas. Desta forma, o argumento é refutativo, mas passa a ser usado como demonstrativo se alguém dissesse que um bem não pode ser feio de dois males. Mas todo esse tópico é capcioso. Como aquilo dito por Polícrates sobre Trasíbulo: que ele tinha acabado com os trinta tiranos, já que procedeu assim por acumulação[104]; ou o que se diz no *Orestes* de Teodectes: "É justo que a mulher que matou seu marido" seja condenada à morte e que o filho vingue o pai; e isso, de fato, é o que foi feito. Contudo, se os dois atos são combinados, talvez o ato deixe de ser justo. Também pode haver aqui um exemplo de omissão capciosa, pois o nome daquele que matou a mulher não é mencionado.

[4] Outro tópico consiste em construir ou refutar um argumento através do exagero; isso ocorre quando o orador, sem ter provado que o crime foi efetivamente cometido, exagera o suposto fato; pois, quando o defensor exagera, faz parecer que o acusado não cometeu o crime, e, quando é o acusador que exagera, parece que o acusado cometeu o crime. Portanto, não há nenhum entimema, porque o ouvinte conclui falsamente que o acusado é culpado ou inocente, embora nada tenha sido demonstrado como prova.

[5] Existe um tópico retirado do signo, pois nesse argumento também não há silogis-

mo. Por exemplo, se alguém dissesse: "aqueles que se amam são úteis às *pólis*, já que o amor de Harmódio e Aristogíton derrubou o tirano Hiparco". Ou que Dionísio é um ladrão, porque é um perverso; aqui o argumento não é um silogismo, pois nem todo homem perverso é um ladrão, embora todo ladrão seja perverso.

[6] Há um tópico derivado do acidente; por exemplo, aquilo que Polícrates diz sobre os ratos prestarem um grande serviço roendo as cordas dos arcos[105]. Ou se alguém dissesse que nada é mais honroso do que ser convidado para um banquete, já que Aquiles ficou ressentido com os aqueus, em Tênedos, por não ter sido convidado; ficou ressentido por ter sido tratado com desrespeito, embora tenha sido um acidente ele não ter sido convidado[106].

[7] Um outro tópico é o da consequência. Por exemplo, no *Alexandre* é dito que ele era generoso porque desprezava viver na companhia de muitas pessoas e morava sozinho no Monte Ida; pois, já que os generosos são desse tipo, Alexandre também poderia ser considerado um. Do mesmo modo, uma vez que um homem se veste de forma elegante e perambula à noite, ele é um adúltero, porque os adúlteros são assim. Igualmente, os mendigos cantam e dançam nos templos e os exilados podem viver onde quiserem; e, visto que essas coisas são possíveis para quem é feliz, para aqueles a quem tais liberdades parecem possíveis também podem ser considerados felizes. Porém, há uma diferença de condições, porque este tópico também pode ser omitido.

[8] Outro tópico consiste em apresentar como causa aquilo que não é a causa, como quando várias coisas aconteceram ao mesmo tempo ou uma depois da outra, pois acredita-se que a coisa que acontece depois é causada pela anterior,

e isso acontece especialmente com os políticos. Por exemplo: Dêmades declarou que a política de Demóstenes foi a causa de todos os males que aconteceram, porque depois dela veio a guerra.

[9] Existe um tópico que se origina da omissão do quando e do como. Por exemplo, Alexandre raptou Helena de forma justa, pois a escolha de um marido tinha sido dada a ela por seu pai. Porém, tal permissão não era válida para sempre, mas apenas na primeira vez, porque a autoridade do pai só durou até aquele momento. Ou, se alguém dissesse que é um ultraje bater em um homem livre, pois nem sempre é esse o caso, mas apenas quando alguém dá o primeiro golpe injustamente.

[10] Além disso, como nas artes da discussão – ou seja, na sofística – um silogismo aparente acontece como o resultado de considerar uma coisa de forma absoluta e não absoluta, mas apenas em relação a uma coisa. Por exemplo, na dialética, argumenta-se que existe o "não ser", pois o "não ser" é o que não é; também, que o desconhecido pode ser conhecido, pois o que é desconhecido pode ser um objeto de conhecimento. Da mesma forma, na retórica, um entimema aparente pode surgir daquilo que não é absolutamente provável, mas de algo provável em relação a algo. Contudo, isso não é universal, como diz Agatão: "Bem se poderia dizer que a única coisa provável é que muitas coisas improváveis acontecem aos homens", pois aquilo que é contrário à probabilidade acontece, de modo que é provável aquilo que é contrário à probabilidade. Se for assim, o que é improvável será provável, mas não em absoluto, pois, como no caso da sofística, o argumento torna-se capcioso quando as circunstâncias, a referência e a maneira não são acrescentadas; então aqui, na retórica, acontece o mesmo: o improvável é provável, não de forma absoluta, mas apenas em casos particulares.

[11] A *Arte* de Córax é composta por este tópico: "pois, se um homem provavelmente não é culpado de uma acusação, como, por exemplo, ser acusado de agressão sendo um homem fraco, sua defesa será que o crime não é provável; mas se é provável que ele seja culpado, por exemplo, sendo um homem forte, pode-se argumentar que o crime não é provável, justamente porque ia parecer provável". É o mesmo em todos os outros casos; pois é necessário que seja provável ou improvável um homem ser culpado de um crime. Aqui, ambas as alternativas parecem igualmente prováveis, mas uma é realmente assim, a outra não é absolutamente provável, a não ser na forma que dissemos. E é isso que consiste em tornar o pior argumento parecer o melhor. Por essa razão que os homens se sentiram indignados, de forma justa, com a promessa de Protágoras, pois é uma mentira e não uma probabilidade verdadeira, mas aparente; e não existe em nenhuma outra arte, a não ser na retórica e na sofística.

25

Falamos sobre os entimemas, tanto dos que realmente são como dos aparentes. A seguir, devemos falar da refutação. Um argumento pode ser refutado ao fazer um silogismo contra esse argumento ou expondo uma objeção.

[2] É claro que os mesmos tópicos podem fornecer esse tipo de silogismo; pois os silogismos são derivados de opiniões prováveis e muitas delas são contrárias umas às outras.

[3] A objeção é retirada, como mostrado nos *Tópicos*, de quatro maneiras: ela pode ser derivada de si mesma, de seu semelhante, de seu oposto ou do que já foi decidido.

[4] Sobre a objeção retirada de si mesma, falo se, por exemplo, um entimema pretendesse provar que o amor é bom; aqui, duas objeções podem ser feitas: dizer, numa esfera universal, que todo desejo é ruim; ou, numa esfera particular, que não se falaria de "amor de Cauno"[107] se não existisse alguns amores perversos.

[5] A objeção retirada de seu contrário é, por exemplo, se o entimema consistisse em dizer que o homem bom faz o bem a todos os seus amigos; aqui, a objeção seria que o homem mau faz mal a todos os seus amigos.

[6] Uma objeção de seu semelhante é, por exemplo, se o entimema consistisse em dizer que os que foram maltratados sempre odeiam, argumentando que os bem-tratados nem sempre amam.

[7] Por fim, a objeção que é derivada das decisões já feitas por homens conhecidos ocorre, por exemplo, se o entimema diz que se deve levar em conta aqueles que estão bêbados, pois sua ofensa é resultado da ignorância; nesse caso, a objeção seria que Pítaco[108] não merece nenhum elogio, uma vez que ele não decretou uma punição mais severa para um homem que comete uma ofensa quando está bêbado.

[8] Os entimemas são derivados a partir de quatro tópicos: probabilidade, exemplo, provas decisivas e sinal. Há entimemas que são tirados de probabilidades que são, na maioria das vezes, baseadas em coisas que ocorrem ou parecem ocorrer; há também os tirados da indução de um ou mais casos semelhantes, e, quando assume a forma universal, logo torna o particular um silogismo por meio de exemplos; há ainda os derivados de provas decisivas, quando baseados naquilo que é necessário e sempre existente; e, dos signos, quando suas partes fazem parte do geral ou do particular, quer exista ou não.

Uma vez que o provável não é o que ocorre sempre, mas apenas na maioria das vezes, é evidente que entimemas desse tipo sempre podem ser refutados ao se apresentar uma objeção. [9] Trata-se, porém, de uma objeção apenas aparente, mas nem sempre verdadeira, pois aquele que traz a objeção se esforça para mostrar, não que o argumento não é provável, mas sim que não é necessário.

[10] Por esse motivo, aquele que defende sempre tem uma maior vantagem sobre o acusador devido a esse engano; pois, uma vez que o acusador sempre baseia sua prova em probabilidades, e mostrar que um argumento não é provável não é o mesmo que mostrar que ele não é necessário. O que só acontece na maior parte das vezes está sempre sujeito a objeções (pois, caso contrário, não seria provável, mas constante e necessário); o juiz, por seu lado, pensa que a refutação foi feita desta maneira ou que o argumento não é provável, ou que não cabe a ele decidir, sendo enganado pelo argumento, como acabamos de falar (portanto, seu julgamento não deve se basear apenas em argumentos necessários, mas também em probabilidades, pois isso é o que significa julgar de acordo com a melhor consciência). Assim, não é suficiente refutar um argumento mostrando que ele não é necessário, mas também mostrar que não é provável.

[11] Isso será alcançado se a própria objeção se basear sobretudo no que acontece na maioria das vezes e pode ocorrer de duas maneiras: considerando-se o tempo ou os fatos. As objeções mais fortes são aquelas em que ambos os critérios estão combinados, pois uma coisa é mais provável quanto mais acontece e quanto maior for o número de fatos semelhantes a ela.

[12] Podem ser refutados também os sinais e entimemas baseados em sinais, mesmo que sejam reais, como dissemos no primeiro livro, pois é claro para nós, a partir do que foi demonstrado nos *Analíticos*, que nenhum sinal pode fornecer um silogismo.

[13] Quanto aos entimemas derivados de exemplos, eles podem ser refutados da mesma maneira que as probabilidades; pois, se temos um único fato que contradiz o exemplo do oponente, o argumento é refutado como não sendo necessário, mesmo que se repita de maneira diferente em sua maioria e na maior parte das vezes; mas se a maioria e a maior frequência de exemplos estão do lado do oponente, devemos refutar que o presente exemplo não é semelhante aos citados, que não aconteceu da mesma maneira ou que há alguma diferença.

[14] Quanto às provas necessárias e aos entimemas derivados delas, não é possível refutá-los argumentando que são impróprios de silogismo (pois isso é claro para nós, como esclarecido nos *Analíticos*). Assim sendo, resta-nos apenas provar que o argumento alegado não existe. Contudo, se for evidente que é verdadeiro e que é uma prova necessária, o argumento torna-se imediatamente irrefutável; pois, por meio de demonstração, tudo se torna evidente.

26

Amplificar e depreciar não são elementos do entimema; pois considero elemento e tópico idênticos, uma vez que o elemento, ou tópico, apresenta-se incluído em vários entimemas. Amplificar e depreciar são entimemas que servem para mostrar que uma coisa é grande ou pequena, boa ou má, justa ou injusta, ou qualquer outra coisa.

[2] Os silogismos e os entimemas se referem a tudo isso, de modo que, se nada disso

é um tópico de entimema, a amplificação e a depreciação também não são. [3] Nem são entimemas as refutações diferentes daquelas que já foram estabelecidas, pois é claro que a demonstração ou a exibição de uma objeção é um meio de refutação, sendo a demonstração o contrário da conclusão do adversário; por exemplo, se o adversário mostrou que uma coisa aconteceu, seu oponente mostra que não; se ele mostrou que uma coisa não aconteceu, ele mostra que aconteceu. Portanto, não haveria a diferença entre eles (pois ambos empregam os mesmos argumentos e apresentam entimemas para mostrar que a coisa é ou não é).

[4] E a objeção também não é um entimema, mas, como disse nos *Tópicos*, é uma opinião que pretende deixar claro que o silogismo do adversário não é lógico, ou que ele introduziu alguma premissa falsa.

[5] Bem, visto que há três coisas em relação à fala que precisam ser tratadas com atenção, seja, o que foi dito, o suficiente sobre exemplos, máximas, entimemas, e o que diz respeito à inteligência, às fontes para extrair argumentos e os meios de refutá-los.

Resta apenas falar do estilo e da composição.

Livro III

1

Há três coisas que devem ser tratadas com respeito à fala: em primeiro lugar, as fontes das provas; em segundo lugar, o estilo; e em terceiro lugar, a disposição das partes do discurso. Já falamos sobre as provas, que elas são de três tipos, qual é sua natureza e por que são apenas três (pois todos os homens são persuadidos quando têm o juízo sendo afetado de uma certa maneira, ou porque consideram que os oradores possuem um certo caráter, ou porque algo foi demonstrado). Também declaramos as fontes das quais os entimemas devem ser derivados (pois, por um lado, temos as espécies de entimemas, e, por outro lado, temos os tópicos).

[2] Devemos, portanto, falar a seguir sobre o estilo [de se expressar]; pois não é suficiente saber o que se deve dizer, mas também como dizê-lo, e isso contribui em muito para fazer com que o discurso pareça de certo caráter.

[3] Em primeiro lugar, seguindo a ordem natural do assunto, examinamos os elementos que dão o poder de persuasão; em segundo lugar, veremos sua disposição no estilo; e, em terceiro lugar, analisaremos aquilo que é de grande importância, mas ainda não foi tratado por ninguém: a declamação em público. A declamação, na verdade, só apareceu na tragédia e na rapsódia mais tarde, pois,

no começo, os próprios poetas declamavam as suas tragédias. É claro, portanto, que há algo desse tipo tanto na retórica quanto na poesia, e já foi tratado por outros autores, como Glauco de Teos.

[4] Agora, a declamação é uma questão de voz, ou seja, como ela deve ser usada para cada emoção em particular, por exemplo, quando a voz deve ser alta, baixa ou média; e como devem ser usados os tons da voz, isto é, de modo estridente, profundo ou intermediário; e, também, quais ritmos são adaptados para cada tipo de assunto. Portanto, existem três aspectos vocais para observarmos: o volume, a harmonia e o ritmo. Aqueles que usam tais aspectos de maneira adequada quase sempre levam os prêmios nas competições dramáticas e, como hoje, os atores têm maior influência no palco do que os poetas, o mesmo acontece nas competições jurídicas, devido à perversidade de nossas formas de governo.

[5] Entretanto, nenhum tratado foi composto ainda sobre esses aspectos, mesmo que a questão do estilo em si começou a ser considerada só recentemente; e, além disso, quando devidamente considerada, parece ser um assunto vulgar. Contudo, uma vez que toda a temática da retórica é influenciar a opinião pública, devemos prestar atenção na declamação, não por ela ser correta, mas por ser necessária; pois, por uma questão de justiça, não se deve almejar nada mais em um discurso do que evitar a excitação da dor ou do prazer. Pois a justiça deve consistir em lutar o caso apenas com os fatos, de forma que todo o restante, que está além da demonstração, seja supérfluo. No entanto, como acabamos de dizer, ela é de grande importância devido à perversidade do ouvinte. [6] Porém, em todo método de ensino há uma ligeira necessidade de prestar atenção ao estilo; pois, no que diz respeito a tornar uma coisa clara, há uma diferença entre falar desta ou daquela

maneira; ainda assim, tal diferença não é tão grande, mas tudo isso consiste em uma exibição para agradar o ouvinte. É por isso que ninguém ensina geometria dessa maneira.

[7] Bem, sempre quando a declamação é considerada, terá o mesmo efeito que uma atuação. Poucos escritores tentaram dizer algumas palavras sobre isso, como Trasímaco, em seu *Éleos*; de fato, a atuação é um talento natural e depende menos de técnica artística, mas é artificial em relação ao estilo. Por isso, aqueles que se destacam nisso ganham prêmios, assim como os oradores que se destacam pela pronunciação de seus discursos, pois os discursos escritos apresentam um melhor efeito mais por conta do estilo do que pelo sentido.

[8] Naturalmente, os poetas foram os primeiros a dar impulso ao estilo; pois as palavras são imitações, e a voz, de todas as nossas partes, é a mais apropriada para a imitação. Por essa razão é que foram formadas as artes como as rapsódias, a atuação e outras mais. [9] E, já que os poetas, embora dizem coisas sem sentido, pareciam ter obtido sua reputação por meio de seu estilo, por esse motivo, surgiu um estilo poético pela primeira vez, como o de Górgias. E ainda hoje em dia, a maioria das pessoas sem ensino pensa que tais pessoas se expressam da maneira mais bela. Isso, porém, não é o caso, pois o estilo do discurso é diferente do estilo da poesia. E o resultado prova isso, pois nem mesmo os escritores de tragédias fazem uso desse estilo da mesma forma. Como esses tragediógrafos mudaram do tetrâmetro para o iâmbico, porque, de todas as outras métricas, a iâmbica mais se assemelha à prosa, então descartaram todas essas palavras tão diferentes da linguagem do dia a dia, com as quais os primeiros poetas costumavam embelezar seus escritos e que agora só são empregadas, ainda, pelos escritores de

hexâmetros. Portanto, é ridículo imitar aqueles que não usam mais esse tipo de expressão.

[10] Assim sendo, é evidente que não precisamos examinar com muita precisão todas as questões de estilo, mas apenas aquelas que dizem respeito ao assunto que estamos discutindo. Quanto ao outro tipo de estilo, já foi tratado na *Poética*.

2

Portanto, que isso seja suficiente para a consideração desses pontos. Também, que fique definido que uma das principais virtudes do estilo é a clareza (um sinal disso é que, se algum discurso não deixar claro o seu significado, não cumprirá sua função). O estilo, igualmente, não deve ser mesquinho nem acima da dignidade do sujeito, mas apropriado a ele; pois o estilo poético pode não ser mesquinho, mas não é apropriado para um discurso de prosa.

[2] Entre os substantivos e verbos, os que trazem clareza ao estilo são os "próprios"[109], mas todos os outros, discutidos na *Poética*, o elevam e o ornamentam; pois os substantivos e verbos diferenciados daqueles usados no dia a dia faz o estilo parecer mais pomposo. Sobre isso, os homens sentem o mesmo em relação aos estrangeiros e concidadãos e em relação ao estilo.

[3] Portanto, devemos dar ao nosso estilo um quê de peculiaridade; pois os homens admiram o que é incomum, e o que desperta admiração é agradável. Na poesia, muitos elementos conduzem a tal efeito e é aí que tais palavras são apropriadas (pois os assuntos e pessoas de que se fala são mais incomuns). Todavia, no discurso em prosa, tais recursos são menos apropriados, pois o assunto é menos elevado. Na poesia, dificilmente uma linguagem refinada seria conveniente se fosse usada por

um escravo ou por alguém muito jovem, ou se fosse usada em relação a assuntos sem importância. No discurso, a devida proporção consiste na concentração e amplificação conforme o sujeito requer.

[4] Logo, aqueles que fazem uso desse recurso devem ocultá-lo e evitar parecer que estão falando artificialmente em vez de naturalmente (pois o que é natural persuade, mas o artificial não. Os homens se indignam com quem pensam estar conspirando contra eles, assim como com os vinhos adulterados). Esse foi o caso da voz de Teodoro em comparação com a dos outros atores, pois a sua parecia ser uma voz pertencente ao personagem, e a dos outros, a voz de outra pessoa qualquer.

[5] Tal artifício é habilmente escondido quando o falante escolhe e junta suas palavras a partir da linguagem do dia a dia, como faz Eurípides, que foi o primeiro a mostrar o caminho. Sendo os substantivos e verbos os componentes da fala, e os substantivos sendo dos diferentes tipos que foram examinados na *Poética*, devemos utilizar palavras difíceis, compostas ou usadas raramente e em pouquíssimos lugares (mas falaremos mais tarde[110] em que locais elas devem ser usadas; [6] pois a razão para isso já foi mencionada: envolve um afastamento muito grande da linguagem adequada). Palavras próprias e apropriadas e, também, metáforas devem ser empregadas somente no estilo da prosa; um sinal disso é o fato de que ninguém emprega nada além dessas coisas; pois todos conversam fazendo uso de metáforas, bem como de palavras próprias e apropriadas; portanto, é claro que, se um falante fizer um bom uso, haverá algo não familiar em sua fala, embora a arte possa não ser detectada e seu significado seja claro. E isso, como já dissemos, é a maior virtude do discurso retórico.

[7] Em relação aos substantivos, os homônimos são mais úteis para o sofista (pois

é com a ajuda deles que ele age com maldade) e os sinônimos para o poeta. Por palavras que são próprias e sinônimas, quero dizer, por exemplo, "ir" e "andar": pois essas duas palavras são próprias e são sinônimas uma da outra. Como foi dito, já foi considerado, na *Poética*, o que é cada um desses tipos de palavras, quantos tipos de metáforas existem e o que é mais importante tanto na poesia quanto no discurso.

[8] Todavia, no discurso em prosa, o orador deve ter muito mais cuidado com esses elementos, uma vez que a prosa tem menos recursos do que o verso. É a metáfora, acima de tudo, que dá clareza, prazer e um ar não familiar, e não pode ser extraída de qualquer pessoa.

[9] É necessário, também, fazer uso de metáforas e epítetos que sejam apropriados. Isso será possível a partir da analogia; caso contrário, parecerá inapropriado, porque é quando colocado um ao lado do outro que os contrários são mais evidentes. Devemos, contudo, considerar se é apropriado a um velho o manto vermelho usado na guerra, já que é apropriado a um jovem; [10] (pois a mesma vestimenta não é apropriada para ambos).

Se quisermos enfeitar nosso assunto, devemos derivar nossa metáfora dentre as melhores do mesmo gênero; mas se quisermos censurar, derivamos dentre as piores. Digo, por exemplo, um modo de fazer o que acabamos de falar: afirmar que o mendigo suplica e que o suplicante pede esmolas, pois são dois opostos pertencentes ao mesmo gênero, visto que ambas são formas de pedir. Como quando Ifícrates chamou Cálias de sacerdote pedinte em vez de sacerdote portador da tocha[111] e Cálias respondeu que o próprio Ifícrates não poderia ser iniciado [nos mistérios]; caso contrário, ele não o teria chamado de pedinte, mas de portador da tocha. É que ambos os títulos realmente têm a ver com uma divindade, mas um é honrado, o outro desonroso. Igualmente, alguns chamam de bajuladores de Dioniso aqueles que se autodenominam artistas (ambos os termos são metáforas, mas um é ofensivo, e o outro é o contrário). Da mesma forma, os bandidos agora se autodenominam homens de negócio (por isso, é permitido dizer que o homem que praticou um crime cometeu um erro, e que o homem que cometeu um erro praticou um crime, e que aquele que roubou simplesmente tomou ou obteve algo). Contudo, é impróprio quando Télefo, de Eurípides, diz que "governando o remo e ter chegado à Mísia"[112], porque a palavra governar é muito superior a tal ação, e então o artifício não engana.

[11] As formas das palavras também são errôneas se não expressarem um som agradável; por exemplo, Dioniso de Calco, nas suas elegias, chama a poesia de "grito de Calíope"[113]: ambos são sons, mas essa metáfora é defeituosa e soa confusa [pois um grito não é entendível nem agradável, como o som da poesia].

[12] É necessário, ainda, que as metáforas não sejam rebuscadas, mas que sejam sobre coisas semelhantes aos termos usados, e do mesmo tipo, de modo que, assim que forem proferidas, a relação entre elas seja vista de forma clara (como no famoso enigma: "Eu vi um homem colando bronze com fogo sobre outro homem". Não há nome para o que aconteceu, mas como em ambos os casos há um tipo de aplicação, ele chamou de "colagem" a aplicação de uma ventosa). E, falando de modo geral, bons enigmas fornecem boas metáforas; pois a metáfora é uma espécie de enigma, de modo que fica claro quando bem empregada.

[13] As metáforas também devem ser derivadas de coisas que são belas, ou seja, da beleza de uma palavra que se manifesta em seu som ou sentido, como diz Licímnio, e, do mesmo modo, acontece com a feiura de uma palavra. Existe, ainda, uma terceira condição que refuta o argumento sofístico: pois, como disse Bríson, nenhuma expressão é feia por si só, se o significado for o mesmo ao se falar esta ou aquela palavra; isso é falso, porque há palavras que são mais apropriadas do que outras, mais semelhantes e mais adequadas para trazer o assunto à tona e colocá-lo diante dos olhos. Além disso, esta palavra ou aquela outra não significam nada nas mesmas condições; portanto, também por esta razão, deve-se admitir que uma palavra é mais bela ou mais feia do que a outra. Ambas, de fato, significam o que é belo ou feio, mas não que uma coisa é bela ou feia em relação a outra, ou se isso fizer, é por ser em maior ou menor grau. As metáforas, portanto, devem ser derivadas do que é belo, seja em relação ao som, efeito, visão, ou a alguma outra percepção. Faz diferença, por exemplo, alguém dizer aurora de "dedos roxos" ao invés de "dedos rosados", ou, o que é pior ainda, de "dedos vermelhos"[114].

[14] Quanto aos epítetos, eles podem ser aplicados ao que é malévolo ou vergonhoso, como, por exemplo, "matricida", ou ao que é mais honroso, como "vingador de seu pai"[115]. Simônides, quando o vencedor numa corrida de mulas lhe ofereceu uma soma miserável, se recusou a escrever um poema, sob o pretexto de que achava indigno dele escrever sobre mulas, mas, quando o vencedor lhe deu uma quantia satisfatória, ele escreveu: "Viva, filhas de cavalos de pés velozes como a tempestade!"[116] No entanto, eram filhas de asnos. Além disso, no uso de diminutivos o mesmo acontece.

[15] É o diminutivo que faz com que o bom e o mau pareçam menores, como Aristófanes quando ironiza, nos *Babilônios*, utilizando "ourinho, capinha, ofensazinha e doencinha" em vez de "ouro, capa, ofensa e doença". É preciso, porém, ter o cuidado de observar o devido meio em seu uso, bem como no caso de epítetos.

3

A rigidez do estilo ocorre em quatro possíveis causas: primeiro, nas palavras compostas, como quando Lícofron fala do "céu de muitas faces da terra de grande cume" e da "costa de passagens estreitas"; também como Górgias falava: "um suplicante hábil em mendigar", os "cometedores de perjúrio" e os "prestadores de juramentos solenes"; ou ainda como Alcídamas, ao usar "a alma ficando cheia de ira enquanto o rosto torna-se vermelho-fogo", e também ao pensar que o zelo se tornaria um "produtor do fim", ao apresentar as palavras persuasivas como "produtoras do fim", e ao narrar o fundo do mar "de cor azul-escura"; tudo isso parece poético porque é composto.

[2] Essa é uma das causas da rigidez do estilo. Outra causa é o uso de palavras estrangeiras, como quando Lícofron chama Xerxes de "um homem-monstro" e Círon de "um homem-destrutivo"[117]; ou quando Alcídamas diz "brincadeiras na poesia", ou "a arrogância da natureza", ou ainda "instigado por uma raiva absoluta do pensamento".

[3] Uma terceira causa é o uso de epítetos longos, inoportunos ou repetidos; assim, na poesia, é apropriado falar "leite branco", mas no discurso em prosa é inapropriado; e se o uso dos epítetos é em excesso, eles confundem e tornam evidente de que é uma poesia. E, mesmo que seja necessário usá-los às vezes (pois o estilo comum é trans-

formado e torna o discurso não familiar), é preciso, porém, ter em vista o uso moderado, pois negligenciar isso causa um dano maior do que falar ao acaso; pois um estilo aleatório não é necessariamente uma coisa boa, mas o excesso é definitivamente algo ruim. É por isso que o estilo de Alcídamas parece rígido, pois ele utiliza epítetos não como tempero, mas como um prato principal, porque são muito frequentes, longos e óbvios. Por exemplo: ele não diz "suor", mas "suor úmido"; não "para os Jogos Ístmicos", mas "para a assembleia solene dos Jogos Ístmicos"; não "leis", mas "as leis soberanas das *pólis*"; não "correr", mas "com um impulso da alma semelhante a uma corrida"; não "inspiração das musas", mas "recebendo da natureza a inspiração das musas"; e ainda "a ansiedade da alma" em vez de "obscuro"; não diz "favor", mas "favor público"; e "administrador do prazer dos ouvintes"; "se escondeu" não "com galhos", mas "com os galhos da floresta"; "ele cobriu", não "seu corpo", mas "a nudez de seu corpo". Ele também chama o desejo de "reprodução da alma" (uma expressão que é ao mesmo tempo composta e um epíteto, de modo que se torna poesia) e "o excesso de sua perversidade além de todos os limites".

Por esse motivo, aqueles que empregam a linguagem poética inapropriadamente tornam o estilo ridículo e rígido, e tal tagarelice produz falta de clareza; pois quando as palavras são empilhadas sobre alguém que já entendeu o assunto, isso destrói a clareza com uma obscuridade. As pessoas usam palavras compostas quando uma coisa não tem nome e a palavra é fácil de combinar, como "passatempo"; mas se esse recurso for muito utilizado, o estilo torna-se inteiramente poético. É por isso que as palavras compostas são especialmente empregadas por poetas ditirâmbicos (pois são barulhentos); já as palavras incomuns por poetas épicos (pois isso é venerável e vaidoso); e as metáforas por escritores de iambos (que agora as empregam, como afirmamos).

[4] A quarta causa da rigidez do estilo acontece nas metáforas; pois as metáforas também podem ser inadequadas, algumas porque são ridículas (pois os poetas cômicos também as empregam) e outras porque são muito admiráveis e um tanto trágicas; há, porém, algumas que não são muito claras se vindas de um passado distante, como quando Górgias diz: "assuntos pálidos e sem sangue" e "você semeou vergonha e colheu infortúnio", pois isso é exageradamente poesia. E como Alcídamas chama a filosofia de "uma fortificação para as leis"[118] e a Odisseia de "um belo espelho da vida humana" e "não introduzindo nenhuma dessas brincadeiras na poesia". Todas essas expressões não são persuasivas, pelas razões apresentadas. Quanto ao que Górgias disse à andorinha que deixou cair seus excrementos sobre ele quando voava sobre sua cabeça, temos aqui o melhor dos trágicos, Ele exclamou: "Que vergonha, Filomela!" Isso não seria nada vergonhoso para um pássaro, mas seria vergonhoso para uma jovem[119]. A reprovação, portanto, foi apropriada, tratando-a como ela era, não como ela é.

4

A comparação também é uma metáfora, pois a diferença é mínima. Quando se diz que Aquiles "se lançou como um leão", isso é uma comparação, mas é uma metáfora se ele diz: "ele, sendo um leão, lançou-se"; pois, já que ambos são corajosos, Homero transfere os sentidos e chama Aquiles de leão.

[2] A comparação também é útil no discurso em prosa, mas deve ser usado com menos frequência, pois há algo de poético nele. As comparações devem ser usadas como metáforas, pois, na

verdade, são metáforas, diferenciando-se pelo que foi dito.

[3] A seguir estão exemplos de comparações: Andrócion disse que Idrieu era como um cão desacorrentado, pois assim como os cães atacam e mordem, ele, quando libertado de suas correntes, era perigoso. Do mesmo modo, Teodamante comparou Arquidamo a Êuxeno que, por analogia, era um ignorante em geometria; na prática, Êuxeno seria um Arquidamo com conhecimentos sobre geometria. Igualmente, na *República* de Platão, aqueles que abandonam os mortos são comparados aos cães que mordem as pedras, mas que não tocam naqueles que as atiram; diz também que o povo é como o capitão de um navio poderoso, mas um pouco surdo; que os versos dos poetas se assemelham aos que estão na flor da juventude, mas carecem de beleza; pois tais jovens não parecem os mesmos de antes após perderem a juventude, assim como os versos após perderem o ritmo. Péricles disse que os habitantes de Samos eram como crianças que choram enquanto aceitam as sobras[120]. Ele também comparou os beócios a árvores azinheiras, pois, assim como elas caem ao bater umas contra as outras, o mesmo ocorre com os beócios por lutarem uns contra os outros. Demóstenes comparou o povo a passageiros que ficam enjoados em barcos. Também, Demócrates comparou os oradores retóricos às amas que colocam um pedaço de alimento na boca e o dão de comer aos bebês com a sua saliva. Por fim, Antístenes comparou o magrelo Cefisódoto ao incenso, pois ele também dá prazer ao deixar de existir.

Todas essas expressões podem ser usadas como comparações ou metáforas, de modo que todas as que são apreciadas, quando expressas como metáforas, obviamente também servirão como comparações, que nada mais são do que metáforas sem os detalhes de uma ou outra palavra.

[4] Entretanto, em todos os casos, é necessário que a metáfora, que provém da analogia, seja sempre recíproca e aplicável a qualquer uma de duas coisas do mesmo gênero; por exemplo, se a taça é o escudo de Dionísio, então o escudo pode ser apropriadamente chamado de taça de Ares.

5

O discurso, portanto, é composto por esses elementos. Contudo, falar bem é a base do estilo, e isso depende de cinco regras.

[2] Em primeiro lugar, as partículas coordenadas devem ser introduzidas em sua ordem natural, antes ou depois umas das outras, conforme necessário; assim, *mén* (μέν) e *egṓ mén* (ἐγὼ μέν) precisam ser seguidos por *dé* (δέ) e *ho dé* (ὁ δέ) respectivamente[121]. Além disso, elas devem corresponder umas às outras enquanto o ouvinte ainda se lembra e não devem ser colocadas muito distantes umas das outras, além de que uma partícula não deve ser introduzida numa cláusula antes da que é necessária; pois isso raramente é apropriado. Por exemplo: "quanto a mim, depois que ele me disse (pois Cléon veio implorando e orando), parti, levando-os comigo", nesta frase, muitas partículas coordenadas foram inseridas na oração principal ao invés de partículas requeridas, e se o intervalo entre essas partículas e "parti" for muito grande, o resultado fica pouco claro.

[3] A primeira regra, portanto, é justamente fazer um bom uso das partículas coordenadas; a segunda é empregar termos particulares nos discursos, não universais. [4] A terceira regra consiste em evitar termos ambíguos. Isso, a não ser que se queira o contrário intencionalmente, como

aqueles que, não tendo nada a dizer, ainda pretendem dizer algo. Essas pessoas fazem uso desses termos na poesia, como o poeta Empédocles. A longa fala repleta de excessivos rodeios acaba envolvendo os ouvintes, que se sentem impressionados como muitos dos que ouvem os oráculos. Pois quando os oráculos expressam suas ambiguidades, os ouvintes concordam – "Creso, ao cruzar os Hális, destruirá um reino poderoso"[122]. É por isso que os oráculos se expressam em termos gerais sobre os assuntos, já que o erro é menor quando eles são usados; ao jogar par ou ímpar, é mais provável que alguém seja sucedido se disser "par" ou "ímpar" do que se disser um número preciso; da mesma forma ocorre se alguém disser que algo acontecerá ao invés de quando acontecerá. É por isso que aqueles que interpretam os oráculos não definem quando exatamente irá ocorrer. Todas essas ambiguidades são semelhantes e, portanto, devem ser evitadas, exceto se houver algum motivo.

[5] A quarta regra consiste em distinguir os gêneros das palavras – masculino, feminino e neutro – conforme estabelecido por Protágoras; é necessário, também, apresentá-los devidamente: [6] "Tendo ela *vindo* e *falado*, partiu"[123].

Por fim, a quinta regra consiste em empregar corretamente o número das palavras – singular, plural ou dual[124] –, por exemplo: "Tendo eles *vindo*, começaram a me bater". De um modo geral, o que está escrito deve ser fácil de ler ou de pronunciar, o que, no fundo, é a mesma coisa. Bem, esse não é o caso quando há muitas partículas coordenadas, ou quando a pontuação é difícil, como nos escritos de Heráclito, pois é difícil pontuar os textos de Heráclito, visto que não é claro a qual termo uma palavra se refere, se ao anterior ou posterior; por exemplo, no início de sua composição, diz: "Deste *lógos,* há, sempre, homens que se tornam incapazes de compreender", onde é incerto, pela pontuação, a qual dos termos o "sempre" deve ser relacionado.

[7] Além disso, é um erro[125] não respeitar as regras gramaticais da língua, ou seja, não conectar ou juntar apropriadamente duas palavras com uma palavra que seja igualmente adequada para ambas. Por exemplo, ao falar de "som" e "cor", a palavra "ver" não deve ser usada, pois não é comum para ambas, enquanto que "perceber" é. Também causa obscuridade, se você não disser de início o que quer dizer, e pretende inserir uma série de detalhes no meio, como, por exemplo dizer: "eu pretendia, depois de ter falado com ele sobre isto ou aquilo que aconteceu, e de tal maneira, partir", e não simplesmente: "eu pretendia partir depois de ter falado com ele assim e assim e de tal maneira sobre o que aconteceu".

6

Para dar ênfase do estilo, os seguintes elementos contribuem: uso de uma descrição em vez de um nome, por exemplo, não empregar "círculo", mas "figura plana cujos pontos são equidistantes do centro". O contrário disso é usado para fins de concisão, ou seja, o uso de um nome em vez da descrição [torna o estilo breve].

[2] Deve-se fazer o mesmo para expressar qualquer coisa vergonhosa ou indecente; se tiver algo vergonhoso na descrição, usa-se o nome; se tiver no nome, a descrição. [3] Também, metáforas e epítetos são usados para tornar as ideias claras, tomando cuidado, no entanto, para evitar algo muito poético.

[4] Igualmente, mudar o singular para o plural, como fazem os poetas que, embora haja apenas um porto, dizem "aos portos aqueus" e "aqui estão as inúmeras dobras das tabuinhas". [5]

E deve-se evitar unir as palavras, cada palavra deve ter seu próprio artigo. Por exemplo a frase: "da mulher, da nossa". Contudo, para a concisão do estilo, o inverso deve ser feito: "da nossa mulher". [6] E o uso de uma partícula coordenada ou, para concisão, sua omissão, mas evite destruir a coordenação; por exemplo: "tendo caminhado e conversado com ele" ou "tendo ido, conversei com ele".

[7] Por fim, também é útil a prática de Antímaco, a de descrever uma coisa pelas qualidades que ela não possui; assim, ao falar da colina Teumeso[126], ele diz: "há uma pequena colina varrida pelo vento"; pois, desta forma, a amplificação pode ser realizada até o infinito. Esse método pode ser aplicado a coisas boas e ruins, da maneira que for mais útil. Os poetas também se valem disso para inventar palavras, como melodia "sem cordas" ou "sem lira"; pois eles empregam epítetos de propriedades ausentes. Um recurso que é também aceito nas metáforas por analogia, como, por exemplo, para dizer que o som da trombeta é uma melodia sem o acompanhamento da lira.

7

A forma conveniente do estilo será obtida pela expressão da emoção e do caráter e pela conservação da analogia do assunto em questão.

[2] Há analogia quando assuntos importantes não são tratados improvisadamente, nem assuntos banais com dignidade, e quando nenhum ornamento é colocado junto a uma palavra comum; caso contrário, há uma aparência de uma comédia, como faz Cleofonte, pois usava, de modo idêntico, certas expressões como se dissesse "venerável figueira".

[3] O estilo será emocional se um homem fala com raiva a uma ofensa, também se menciona com indignação e prudência um assunto

ímpio e vergonhoso; se fala com admiração sobre coisas louváveis; se fala com humildade sobre coisas lamentáveis; e de forma semelhante em todos os outros casos.

[4] O estilo apropriado também torna o assunto convincente; pois a alma do ouvinte é levada a pensar que o orador está falando a verdade, porque, em tais circunstâncias, seus sentimentos acontecem de ser os mesmos, de modo que ele pensa, mesmo que não seja como o orador diz, que as coisas são como as representadas; e o ouvinte sempre simpatiza com aquele que fala de forma emocionada, mesmo se o orador não disser nada. [5] É por isso que muitos oradores barulhentos assustam os ouvintes.

[6] O caráter também pode ser expresso pela exibição dos signos, pois para cada classe e hábito existe um estilo apropriado. Quero dizer classe em referência à idade, como criança, homem ou velho; ao sexo, como homem ou mulher; à *pólis*, como espartano ou tessálio. Chamo de hábitos aqueles estados morais que formam o caráter de um homem na vida, [7] pois nem todos os hábitos fazem isso. Se, então, alguém disser os nomes apropriados a cada hábito, será expressado o caráter; pois o homem rústico não dirá as mesmas coisas do mesmo modo que o instruído. Porém, os ouvintes também ficam emocionados, de certa forma, por um artifício empregado em abundância pelos prosadores: "quem não sabe?", "todo mundo sabe"; o ouvinte acaba concordando, porque participa daquilo que é do conhecimento de todos.

[8] O uso oportuno ou inoportuno desses recursos aplica-se a todos os tipos de discursos retóricos.

[9] Contra todo excesso, há um remédio muito conhecido que pode ser encontrado: o orador deve antecipar a crítica; pois, desse modo, o ex-

cesso parece verdadeiro, uma vez que não passa despercebido ao orador o que ele está fazendo.

[10] Além disso, não se deve fazer uso de todos os tipos de analogismo ao mesmo tempo (pois, dessa maneira, o ouvinte é enganado). Quero dizer, por exemplo, se as palavras forem duras, a voz, a expressão facial e todas as coisas conectadas não devem ser igualmente duras; caso contrário, torna-se evidente o que cada coisa realmente é. Ao fazer uma coisa de um modo e a outra coisa de forma diferente, isso não será percebido. Se, então, os sentimentos delicados forem expressos de maneira dura e os sentimentos duros de maneira delicada, o discurso se torna persuasivo.

[11] As palavras compostas, o exagero de epítetos e, sobretudo, palavras que não são familiares são apropriadas para um orador emocional; pois quando um homem está enfurecido, é perdoável que ele chame um mal de "extenso como o céu" ou "colossal", também quando conquista seus ouvintes e os enche de entusiasmo, com elogios, críticas, raiva ou amizade, como faz Isócrates no final de seu *Panegírico*: "Ó, a fama e a recordação!" e "quem quer que tenha suportado". Tais coisas são emitidas pelos oradores entusiastas, e é claro que os ouvintes aceitam o que dizem por também estarem entusiasmados. Por essa razão, esse estilo é apropriado na poesia; pois a poesia provém da inspiração. Deve, portanto, ser usado dessa forma ou por meio de ironia, como fazia Górgias e Platão, no *Fedro*[127].

8

A forma do estilo não deve ser nem métrica nem sem ritmo. Se é métrica, não é persuasiva (pois parece artificial) e, ao mesmo tempo, distrai o ouvinte, pois o faz esperar pela recorrência de uma forma idêntica à que foi anteriormente usada; assim como quando os arautos perguntam: "qual é o protetor que o homem emancipado escolhe?" e as crianças se antecipam gritando: "Cléon!"

[2] Se não tiver ritmo, a forma é ilimitada, ao passo que deveria ser limitada, mas não metricamente; pois o que é ilimitado é desagradável e incompreensível. Bem, todas as coisas são limitadas pelo número, e o número da forma do estilo é o ritmo, do qual os metros são divisões.

[3] Portanto, o discurso em prosa deve ser rítmico, mas não métrica, caso contrário, será um poema. Além disso, esse ritmo não deve ser cumprido rigorosamente, mas apenas até certo ponto.

[4] Dentre os ritmos, o heroico é digno, mas não apresenta harmonia em relação à fala do dia a dia; o iâmbico é a linguagem utilizada pela maioria das pessoas (por isso, de todos os metros, é o mais usado quando falamos). No entanto, a fala deve ser digna e capaz de despertar emoção no ouvinte. O trocaico é muito parecido com o córdax, e isso fica claro nos tetrâmetros, que formam o ritmo de uma corrida. Resta, ainda, o peã, usado pelos retóricos da época de Trasímaco, embora eles não pudessem defini-lo. O peã é um terceiro tipo de ritmo intimamente relacionado aos já mencionados; pois sua proporção é de três para dois, a dos outros é de um para um e de dois para um, com os quais o peã, cuja proporção é de um e meio para um, está conectado.

[5] Todos os outros ritmos, então, devem ser desconsiderados pelos motivos expostos, e também por serem métricos; mas o peã deve ser mantido, porque é o único dos ritmos mencionados que não está adaptado a um sistema métrico, de modo que é bem provável que passe despercebido.

[6] Atualmente, apenas um tipo de peã é empregado, tanto no início quanto no final; o final, entretanto, deve ser diferente do início. Existem duas formas de peã, opostas uma à outra. Destas, uma é apropriada no início, onde de fato é usada. Começa com uma sílaba longa e termina com três breves: "nascidos em Delos ou Lícia"[128] e "distante e de cabelos dourados, filho de Zeus"[129]. A outra forma, pelo contrário, começa com três sílabas breves e termina com uma longa: "atrás da terra e das águas, a noite escureceu o oceano"[130]. Esse é um final adequado, pois a sílaba breve, por ser incompleta, faz com que fique encurtado; [7] mas o período deve ser finalizado por uma sílaba longa e que o final fique claramente marcado, não por quem escreve nem por uma marca de pontuação, mas pelo próprio ritmo.

9

Foi suficientemente mostrado, então, que o estilo deve ser bem ritmado e não apresentar arritmia, também, que ritmos e arranjos produzem um bom ritmo. É necessário, ainda, que o estilo seja contínuo e unido por partículas coordenadas, como nos prelúdios ditirâmbicos, ou periódico, como nas antístrofes dos poetas antigos.

[2] Certamente, o estilo contínuo é o estilo antigo, por exemplo: "esta é a exposição da investigação de Heródoto de Túrio" (pois antigamente era usado por todos, mas agora é usado apenas por alguns). Por estilo contínuo, quero dizer aquele que não tem fim em si mesmo e só para quando seu sentido está concluído. Tal estilo, porém, é desagradável por não ser limitado, pois todos desejam ter o fim à vista. É por isso que os corredores, justamente quando atingem a linha de chegada, perdem o fôlego e as forças,

pois antes, quando o fim ainda está à vista, não mostram sinais de cansaço.

[3] Esse, portanto, é o estilo contínuo. O outro estilo é organizado em períodos, e por período quero dizer uma frase que tem um começo e um fim em si e uma grandeza que pode ser facilmente compreendida. Tal estilo é agradável e fácil de compreender, agradável por ser o oposto do que é ilimitado e porque o ouvinte sempre pensa que está retendo algo para si mesmo e que alguma conclusão foi alcançada; além disso, é desagradável não prever nem concluir nada. É fácil de compreender por ser facilmente memorizado. Isso é devido ao fato de que o estilo periódico possui número, que é a coisa mais fácil de ser memorizada; isso explica por que todos memorizam melhor versos do que a prosa, pois eles têm um número pelo qual pode ser medido. [4] Mas o período deve ser completo em seu sentido e que não seja quebrado em dois, como na iâmbica de Sófocles: "esta região é Calidão, território de Pélope"; pois, por uma divisão desse tipo, é possível supor o contrário, como, seguindo esse exemplo, que Calidão fica no Peloponeso.

[5] Um período pode ser composto de membros ou pode ser simples. O primeiro tipo é uma frase completa, divisível e fácil de se expressar em uma respiração, não na sua divisão como o período no verso de Sófocles acima, mas no seu todo (um membro é uma das partes de um período). Por período simples quero dizer aquele que consiste em apenas um membro.

[6] É necessário que os membros e os períodos não sejam muito breves nem muito longos. Se forem muito breves, o ouvinte se frustra muitas vezes (pois quando ele se apressa em fazer uma decisão da qual ele já tem uma ideia definida, se for interrompido pela pausa do orador, uma es-

pécie de frustração está fadada a ocorrer em consequência dessa suspensão repentina). Se forem muito longos, deixam o ouvinte para trás, como os que marcham muito por fora de um marco, pois deixam para trás seus companheiros de marcha. Da mesma forma, longos períodos tornam-se em um discurso semelhante aos prelúdios ditirâmbicos. Isso ocorre no texto que Demócrito de Quios repreendeu Melanípides jocosamente, por este compor proêmios em vez de antístrofes: "Um homem faz mal a si mesmo ao fazer mal a outro, e um longo proêmio é o pior mal para quem o compõe"[131]. O mesmo pode ser aplicado àqueles que empregam longos membros. Novamente, se os membros são muito breves, eles não constituem um período, fazendo com que o próprio ouvinte se precipite.

[7] Os membros do estilo periódico são segmentados ou opostos [sendo, esse último, chamado de antítese]. É segmentado como na seguinte frase: "muitas vezes me maravilhei com os organizadores dos festivais nacionais e com aqueles que instituíam as competições atléticas". Por sua parte, a antítese acontece quando, em cada um dos membros, um oposto se aproxima do outro, ou uma mesma palavra está associada a ambos os contrários, como, por exemplo: "Ambos foram úteis tanto para os que ficaram para trás como para quem os acompanhou; para estes, eles fornecerem posses maiores do que tinham em casa e, para aqueles, eles deixaram em seu país o que era suficiente". Aqui, "ficar para trás" e "acompanhar" são contrários, assim como "suficiente" e "maiores"; ou então: "aqueles que precisam de dinheiro e aqueles que querem desfrutá-lo", onde "desfrutar" é contrário a "precisar"; novamente: "muitas vezes acontece nessas circunstâncias que os sensatos não têm sucesso, enquanto os insensatos têm sucesso"; e: "imediatamente foram

considerados dignos de recompensas e, não muito tempo depois, tomaram o poder sobre o mar"; e: "navegar pela terra, marchar sobre o mar, unindo o Helesponto e cavando um anal no Atos"; e ainda: "embora cidadãos por nascimento, foram privados dos direitos de cidadania por uma lei"; e: "Alguns deles morreram miseravelmente, outros se salvaram vergonhosamente"; e: "em privado, usar bárbaros como servos, mas publicamente ver com indiferença muitos dos aliados reduzidos à escravidão"; e: "ou possuí-lo em vida ou deixá-lo para trás quando morto"[132]. Também o que alguém disse contra Pitolau e Licofron no tribunal: "estes homens, que os vendiam quando estavam em sua pátria, mas os compraram quando vieram junto com vocês". Todas essas passagens são exemplos do que é uma antítese.

[8] Esse tipo de estilo é agradável, porque os opostos são facilmente compreendidos, ainda mais quando colocados lado a lado. Também, porque a antítese se assemelha a um silogismo, já a refutação é uma reunião de opostos.

[9] Essa é, portanto, a antítese. Contudo, se os membros forem iguais, ocorre uma *parisose*; se há uma semelhança das sílabas finais de cada membro, ocorre uma *paromeose*. Essa igualdade ou semelhança devem ocorrer no início ou no final dos membros. No início, a semelhança é sempre mostrada em palavras inteiras; no final, podem acontecer nas últimas sílabas, ou nas desinências de uma mesma palavra, ou na repetição de palavras. Por exemplo: no início: "*terras*, pois recebeu dele *terras* não cultivadas"[133] e "*e* eles estavam prontos para aceitar presentes *e* serem persuadidos por palavras"[134]; no final: "pensaram que ele havia se tornado pai de uma criança, mas que ele mesmo era a causa dela"[135] e "nas maiores preocupações e nas menores esperanças"[136]. Desinências de uma mesma palavra: "ele é digno

de estátua de bronze, mas não vale um centavo"[137]. Repetição de uma palavra: "enquanto ele vivia, você falava mal dele, agora que ele está morto, você escreve maldosamente sobre ele"[138]. Semelhança de uma sílaba: "que mal você sofreria se tivesse visto um homem que não trabalha?"[139] Todos esses elementos podem ser encontrados ao mesmo tempo numa mesma frase: antítese, *parisose* e *paromeose*. Nos *Teodectes*, quase todos os inícios dos períodos foram enumerados.

[10] Existem também as falsas antíteses, como a feita por Epicarmo: "uma vez eu estava na casa deles, outra vez eu estava com eles"[140].

10

Uma vez tendo definido sobre tais questões, devemos, em seguida, declarar as fontes elegantes e de boa reputação. Certamente, tais fontes são produzidas pelo talento natural ou pela prática, mas mostrá-las faz parte de nosso método.

[2] Falemos, portanto, sobre esse tema e façamos uma enumeração completa dessas fontes. Que nosso ponto de partida seja o seguinte: o aprendizado fácil é naturalmente agradável para todos e as palavras significam algo, de modo que todas as palavras que nos fazem aprender algo são as mais agradáveis. Bem, é certo que há palavras que nos soam estranhas, embora as conheçamos a partir da linguagem corrente. É a metáfora, portanto, que, acima de tudo, produz esse efeito; pois quando Homero chama a velhice de "resto de colheita", ele nos proporciona um ensinamento e conhecimento por meio desse gênero: ambos deixaram de florir.

[3] Sem dúvidas, as comparações dos poetas também produzem o mesmo efeito; portanto, se forem bem construídas, causam uma impressão de elegância. Pois a comparação, como dissemos,

é uma metáfora que difere apenas pelo acréscimo de uma palavra, ao passo que é menos agradável porque é mais longa, além de não dizer que isso é aquilo; não é justamente isso que a alma do ouvinte procura.

[4] Por necessidade, portanto, todos os estilos e entimemas que nos produzem ensinamentos rápidos são elegantes. Essa é a razão pela qual os entimemas superficiais não são valorizados (chamamos de superficiais aqueles que são evidentes para todos e que não causam nenhum esforço mental), nem aqueles entimemas que, quando declarados, não compreendemos, mas apenas aqueles que são compreendidos no mesmo momento em que são declarados, ou um pouco depois, embora não sejam evidentes a princípio; este último caso, resulta numa espécie de aprendizado, enquanto os outros, nenhum aprendizado.

[5] Com relação ao significado do que é dito, tais entimemas são os mais populares. Quanto ao estilo, a popularidade dele deve-se a afirmações compostas por antíteses, como, por exemplo: "considerando que a paz, comum aos outros, era como uma guerra aos seus interesses privados"; aqui, "guerra" se opõe a "paz". [6] Por outro lado, em relação às palavras, elas são populares se formarem metáforas, desde que não sejam estranhas, pois seriam difíceis de interpretação, nem superficiais, pois então não impressionam o ouvinte. Além disso, não são populares se são colocadas diante dos olhos do ouvinte, pois devemos ver o que está sendo feito e não o que será feito. Devemos, portanto, visar três elementos: metáfora, antítese e força do estilo.

[7] Dos quatro tipos de metáfora[141], as mais populares são aquelas baseadas na analogia, tal qual Péricles ao dizer que os jovens mortos durante a guerra desapareceram da *pólis* como se o ano tivesse perdido sua primavera. Igualmente, Léptines, falando sobre os lacedemônios, disse que não iria

olhar com indiferença a Grécia se tornando caolha. E Cefisódoto, quando Cares estava apressado para que as contas da Guerra Olintíaca fossem examinadas, declarou indignado que ele estava estrangulando o povo pela garganta, ao tentar fazer com que suas contas fossem examinadas; em outra ocasião, também exortou os atenienses a partirem para a Eubeia e que precisavam se equipar sem demora, assim como os decretos de Milcíades[142]. E Ifícrates, depois que os atenienses fizeram as pazes com Epidauro e as cidades do litoral, declarou indignado que haviam privado eles próprios de recursos para a guerra. E Pitolau, que chamou a nau Páralo[143] de "o bastão do povo" e Sesto de "o tabuleiro de pão do Pireu". Novamente, Péricles, quando ordenou que Egina, "a remela do Pireu", fosse destruída. E Mérocles, mencionando uma pessoa muito "respeitável" pelo nome, declarou que o homem era tão perverso quanto ele próprio; pois o homem honesto deixava-se corromper por um lucro de trinta por cento, enquanto ele próprio ficava satisfeito com dez por cento. E o verso iâmbico de Anaxândrides sobre as filhas que demoravam para se casar: "minhas filhas solteiras já passaram da hora de se casarem". E o dito de Polieucto sobre um certo paralítico chamado Espeusipo: que ele não era capaz de ficar em repouso, embora o destino o tivesse prendido a uma "doença lenho de cinco orifícios"[144]. Cefisódoto chamava as trirremes de "moinhos multicoloridos" e Diógenes, o Cínico, costumava dizer que as tavernas eram "as refeições públicas da Ática"[145]. Esíon, por seu lado, costumava dizer que eles haviam "espalhado" o estado até a Sicília; isto é uma metáfora e coloca a coisa à nossa vista. Tal como a expressão "a ponto de a Grécia gritar" também é, de certa forma, uma metáfora colocada diante dos olhos. E, novamente, Cefisódoto, ao ordenar [aos atenienses] que tomassem cuidado para não criarem "grupos de corredores" com muita frequência. E foi também isso que Isócrates disse daqueles "que se apressam" nas assembleias. E, como dito na *Oração Fúnebre*: seria virtuoso a Grécia "raspar sua cabeça" no túmulo daqueles que morreram em Salamina, já que sua liberdade estava sendo enterrada junto com o valor deles. Se tivesse dito que era virtuoso a Grécia chorar, já que seu valor estava sendo enterrado com eles, teria sido uma metáfora colocada diante dos olhos, enquanto "liberdade" e "valor" na mesma oração produz uma espécie de antítese. E como Ifícrates disse: "pois o caminho de minhas palavras passa pelo meio das ações de Cares"; aqui, a metáfora é por analogia e as palavras "pelo meio" criam a percepção de metáfora colocada diante dos olhos.

Além disso, dizer que alguém "invoca os perigos para ajudar contra os perigos" é uma metáfora colocada diante dos olhos. E Licoleonte em nome de Cábrias disse: "nem mesmo reverenciando a atitude suplicante de sua estátua de bronze"[146]. Este último é uma metáfora apropriada para o momento presente, não para sempre, mas ainda assim colocada diante dos olhos, pois, quando Cábrias está em perigo, a estátua implora por ele e o inanimado torna-se animado, ou seja, a recordação de seus trabalhos em benefício do Estado. E "em todos os sentidos declamam o pensamento humilde", porque "declamar" uma coisa implica aumentá-la. E "a razão é uma luz que o deus acendeu na alma", pois ambas as palavras "razão" e "luz" tornam algo claro. Bem como "pois não acabamos com as guerras, mas as adiamos", pois ambas as ideias se referem ao futuro: o adiamento e uma paz desse tipo. E, novamente, é uma metáfora dizer que "os tratados de paz são troféus muito mais esplêndidos do que os ganhos na guerra, pois os ganhos são criados por vantagens insignificantes e um único acontecimento, mas os tratados de paz comemoram o fim de toda a guerra"; tanto o tratado quanto o troféu são sinais de vitória.

Por fim, dizer também que "as *pólis* prestam uma conta muito pesada para a censura dos homens", pois prestar contas é uma espécie de punição justa.

11

Já dissemos que estilos elegantes são derivados de metáforas por analogias e que colocam as coisas diante dos olhos. Devemos, agora, explicar o significado de "diante dos olhos" e o que deve ser feito para produzir isso.

[2] Por coisas "colocadas diante dos olhos" quero dizer as palavras que expressam uma realidade. Por exemplo, dizer que um bom homem é "quadrado" é uma metáfora (pois ambos são completos), mas a frase não expressa a realidade, enquanto dizer que o homem "detém o auge de sua vida em plena floração" expressa; da mesma forma: "tu, como um animal sagrado em liberdade"[147] expressa a realidade, e "então, ali, os gregos avançando com os pés" a palavra "avançando" contém realidade e metáfora, pois significa "velocidade".

[3] Homero também proclamou muitas vezes coisas inanimadas como se fossem animadas, por meio de metáforas; e, dessas metáforas, as mais populares são aquelas que representam a realidade, como nos seguintes exemplos: "novamente a pedra desavergonhada rolou em direção à planície"[148] e "a flecha voou"[149] e "ansiosa para voar"[150] e "foram enterradas no chão, desejando saciar-se de carne"[151] e "a ávida ponta da lança atravessou seu peito"[152]. Em todos esses exemplos há uma aparência de realidade, uma vez que os objetos são representados como animados: "a pedra desavergonhada",

"a ávida ponta da lança", e o restante, todos expressam a realidade. Homero aplicou esses atributos pelo emprego da metáfora por analogia, pois a pedra está para Sísifo, assim como o desavergonhado está para o objeto de sua falta de vergonha. [4] Ele também faz o mesmo em suas populares comparações em relação às coisas inanimadas: "curvadas, ficando brancas como a espuma, umas à frente, outras atrás"[153]. O poeta dá movimento e atribui vida a todos, e movimento é uma realidade.

[5] Como já foi dito, as metáforas devem ser retiradas de objetos apropriados ao assunto, desde que não sejam muito óbvios; assim como na filosofia, por exemplo, pois é preciso sagacidade para compreender a semelhança entre diferentes coisas. Foi assim que Arquitas disse que não havia diferença entre um árbitro e um altar, pois o injustiçado se refugia junto de ambos. O mesmo ocorreria se alguém dissesse que uma âncora e um gancho pendurados eram idênticos; pois ambos são o mesmo tipo de coisa, mas diferem pelo fato de um estar em cima e o outro embaixo. Também se alguém dissesse "as *pólis* igualadas", isso poderia ser aplicado a muitas coisas distintas: a igualdade no que diz respeito a superfícies e recursos.

[6] A maioria dos estilos elegantes são derivados de metáforas e também de enganar o ouvinte de antemão. Pois fica mais evidente para o ouvinte que ele aprendeu algo quando a conclusão é contrária à sua expectativa e a mente parece dizer: "como é verdade! Eu me enganei!" E os estilos elegantes dos apotegmas, por outro lado, surgem de não expressar o que dizem, como no apotegma de Estesícoro, que "as cigarras cantarão no chão para si mesmas". E enigmas bem-feitos são agradáveis pelo mesmo motivo (pois neles há um aprendizado e são também metáforas), assim como as expressões "inespera-

das", como Teodoro as chama, que surgem quando o que se segue é paradoxal e, como ele diz, não está de acordo com nossa opinião anterior; assim como os autores engraçados fazem uso de pequenas mudanças nas palavras de seus versos cômicos (algo que também acontece nas piadas que giram em torno da mudança de uma letra; pois são enganosas). Por exemplo, o seguinte verso não termina como o ouvinte esperava: "ele avançava, tendo, sob os pés, frieiras", enquanto o ouvinte pensava que o poeta iria dizer "sandálias". Esse tipo de piada deve ficar claro ao mesmo tempo que é falado. Os jogos de palavras, por sua vez, não giram em torno da palavra que foi dita, mas na significação que sofreu mudança; por exemplo, quando Teodoro disse ao citarista Nícon: "você está perturbado", enquanto finge dizer "você é um trácio"[154], ele nos engana pois quer dizer outra coisa. Portanto, a piada só é agradável para quem a entende; pois se alguém não souber que Nícon é um trácio, [não verá nenhuma piada nisso] e não parecerá ser de um estilo elegante.

[7] Da mesma forma: "você deseja destruí-lo"[155]. É necessário que esses dois sentidos sejam expressos apropriadamente. Exemplos semelhantes desses estilos elegantes é afirmar, por exemplo, que "o império [*archḗ*] sobre o mar" não foi "o início [*archḗ*] das desgraças" para os atenienses, pois eles se beneficiaram disso; ou, como disse Isócrates, que "o império foi o início das desgraças para a *pólis*". Em ambos os casos, aquilo que não se esperava que fosse dito é dito e reconhecido como verdadeiro. Pois, no segundo exemplo, dizer que "o império foi o império" não é sábio, mas não é isso que ele quis dizer, e sim outra coisa; e, no primeiro exemplo, os termos *archḗ* não expressam o mesmo sentido, mas tem noções diferentes.

[8] Em todos esses casos, o bom resultado é alcançado quando uma palavra é apli-

cada apropriadamente, seja por um homônimo ou por uma metáfora. Por exemplo, na frase "Anásqueto (suportável) é insuportável", há uma contradição do homônimo, que só é apropriada se Anásqueto for uma pessoa insuportável. E: "você não poderia ser um estrangeiro (*ksénos*) mais do que deve" ou "não mais estranho (*ksénos*) do que deve ser", o que é a mesma coisa que "o estrangeiro não deve ser sempre um estranho", pois também aqui a palavra repetida é tomada em um sentido diferente. É o mesmo com o célebre verso de Anaxândrides: "é belo morrer antes de fazer algo digno de morte"[156], pois isso é o mesmo que dizer que "vale a pena morrer quando não se merece morrer", ou que "vale a pena morrer quando não se é digno de morrer", ou "não fazendo nada que seja digno de morte".

[9] Isto posto, a forma de estilo dessas palavras é a mesma, mas quanto mais forem expressas de forma concisa e por meio de antíteses, maior será sua popularidade. A razão é que o aprendizado é maior através de antíteses e a concisão dá conhecimento mais rapidamente.

[10] Além disso, para que o que é dito possa ser verdadeiro e não superficial, deve sempre aplicar-se em relação à de quem se fala ou ser expresso de forma adequada; pois é possível ter uma dessas qualidades separadamente. Por exemplo: "a pessoa deve morrer sem ter cometido nenhum erro" ou "a mulher digna deve casar-se com um homem digno". Não há elegância em nenhuma dessas expressões, a não ser que se tenham ambas as qualidades ao mesmo tempo: "digno de morrer, sem ser digno de morte". Quanto mais qualidades a expressão possuir, mais elegante ela parece; por exemplo, se as palavras forem constituídas de metáforas, metáforas de um determinado tipo, antíteses, parisose e se representarem a realidade.

[11] Os símiles também, como dito acima, são, até certo ponto, sempre apreciados como metáforas, visto que sempre são expressados em dois termos, como a metáfora por analogia, como quando dizemos, por exemplo, que "o escudo" é o "cálice de Ares", e "o arco uma lira sem cordas". Tais expressões não são simples, mas quando chamamos o arco de lira, ou o escudo de cálice, torna-se simples. [12] E os símiles podem ser formados, por exemplo, chamando um flautista de "macaco" ou um míope de "candeia gotejante"; pois ambos contraem os rostos.

[13] Há um bom resultado sempre que houver uma metáfora por analogia; pois é possível comparar um escudo ao cálice de Ares e uma ruína a uma casa em pedaços, e também dizer que Nicérato é um "Filoctetes mordido por Prácis", como Trasímaco o comparou, quando viu Nicérato, derrotado por Prácis em uma competição entre rapsodos, e ainda estava cabeludo e sujo. É sobretudo nestes casos que os poetas são condenados se não formularem bem as coisas, mas, se conseguirem, ganham uma boa reputação ainda maior. Quero dizer, por exemplo, quando eles introduzem uma resposta do tipo "ele carrega as pernas tortas tal como o aipo" ou "como Filámon socando o saco de couro". Todos esses estilos são símiles, e símiles são uma espécie de metáfora, como já foi dito várias vezes.

[14] Provérbios também são metáforas de espécie para espécie. Se alguém, por exemplo, levar algo para sua casa, convencido de que é algo bom, mas depois for prejudicado, diz que é "como o Cárpatos com a lebre"[157], pois ambos experimentaram os mesmos infortúnios que foram ditos. Assim sendo, isso é quase tudo o que pode ser dito sobre as fontes de estilos elegantes e as razões que os tornam assim.

[15] As hipérboles de maior reputação também são metáforas. Por exemplo, em relação a um homem com um olho roxo, "pensaria que ele era uma cesta de amoras", porque o vermelho escuro do olho é algo roxo, mesmo que tal dimensão constitua um exagero. Novamente, quando alguém diz "como isso ou aquilo", há uma hipérbole que difere apenas na formulação: "como Filámon socando o saco de couro", você pensaria que era o próprio Filámon lutando contra o saco; "ele carrega as pernas tortas tal como o aipo", você pensaria que ele não possui pernas, mas aipos que estavam tortos".

[16] As hipérboles são como homens jovens, porque eles mostram exagero. Por isso aqueles que estão com raiva fazem mais uso delas: "nem mesmo se ele me oferecesse, em número, tantas coisas quanto grãos de areia e pó, nem assim me casaria com a filha de Agamenon, filho de Atreu. Nem mesmo se ela rivalizasse em beleza com a dourada Afrodite ou em realizações com Atena"[158]. Portanto, é impróprio que uma pessoa velha faça uso delas. [São, sobretudo, os oradores retóricos áticos que usam esse elemento][159].

12

É preciso, porém, não esquecer o fato de que cada estilo é adequado para tipos diferentes de retórica. De fato, textos escritos e debates não são do mesmo tipo; nem é o mesmo, dentro dos debates, falar em público e falar nos tribunais. Deve-se, contudo, conhecer ambos; pois um exige um bom conhecimento da língua grega, enquanto o outro evita a necessidade de nos calarmos quando queremos comunicar algo aos outros, precisamente o que acontece com aqueles que não sabem escrever. [2] O estilo das composições escritas é o mais preciso, o dos debates é o mais adequado para a atuação (destes últimos, existem dois tipos: éticos e emocionais); é por isso que os atores estão sempre correndo atrás de peças desse tipo e os poetas atrás de atores adequados. No entanto, também são populares poetas cujas obras se destinam apenas à leitura, como Querémon (pois é tão preciso como um escritor de discursos), e Licímnio, entre os poetas ditirâmbicos. Quando comparados, os discursos dos escritores parecem pobres em estilo nos debates públicos, enquanto os dos retóricos, embora bem proferidos, são amadores quando em nossas mãos. A razão disso é que, nos debates públicos, as técnicas de atuação podem ser ajustadas. Portanto, discursos adequados para atuação não cumprem sua função adequada e parecem tolos quando a atuação está ausente. Por exemplo: os assíndetos e a repetição frequente da mesma palavra no texto escrito são corretamente censurados, mas não no debate público, onde até mesmo os retóricos fazem uso de tais processos, pois há, nisso, uma atuação.

[3] É necessário, ainda, variar a expressão quando se repete a mesma coisa, pois isso abre o caminho para a declamação: como: "este é aquele que os roubou, este é aquele que os enganou, este é aquele que, enfim, tentou os trair". Isso é o que o ator Filémon fez em *Gerontomaquia*, de Anaxândrides, quando declamava "Radamanto e Palamedes", e quando repetia a palavra "eu" no prólogo dos *Piedosos*. Pois, a menos que tais expressões sejam atuadas, torna-se um caso do provérbio "aquele que carrega a trave"[160].

[4] O mesmo ocorre com os assíndetos: "vim, apresentei-me, solicitei". A atuação, aqui, faz-se necessária, e as palavras não devem ser pronunciadas num mesmo modo e num mesmo tom, como se houvesse apenas uma oração. Além disso, assíndetos têm uma característica particular: mui-

tas coisas parecem ser ditas num mesmo espaço de tempo, porque a partícula coordenativa torna muitas coisas uma só, de modo que, se for removida, o caso é obviamente o oposto, uma coisa se tornará muitas. Portanto, um assíndeto resulta em amplificação: "vim, dialoguei, implorei" (parece muitas coisas) e "ele desconsiderou tudo que eu disse". Esta também é a intenção de Homero na passagem: "Nireu, além de ser de Sime, Nireu filho de Aglaia, Nireu, o mais belo"[161], porque é necessário que seja frequentemente mencionado aquele de quem muito foi dito. Desse modo, se o nome é mencionado com frequência, parece que muitas coisas já foram ditas sobre ele, dessa forma, Homero produziu uma amplificação da lembrança de Nireu, mencionando-o em apenas uma passagem por meio de paralogismo, e, assim, ele perpetuou sua memória, embora nunca mais falasse dele em passagens posteriores.

[5] O estilo do gênero deliberativo é exatamente como uma ilusão. É que, quanto maior a multidão, mais afastado está o ponto de vista; pois, em ambos os casos, muito rigor é supérfluo e até mesmo uma desvantagem. Por sua vez, o estilo judiciário é mais rigoroso, e é ainda mais diante de um único juiz, porque há menos oportunidade de empregar artifícios retóricos, uma vez que é mais visível o que pertence ao assunto e o que é estranho a ele; nisso, não há discussão, e então o julgamento torna-se claro. É por isso que os mesmos oradores não se destacam em todos esses estilos, mas, onde a encenação é mais eficaz, aí é onde existe menos rigor. Este é um caso em que a voz, especialmente uma voz alta, é necessária. O estilo demonstrativo é o mais apropriado para composições escritas, pois sua função é a leitura; [6] em segundo lugar, vem o estilo judiciário. É supérfluo prologar essas considerações sobre esse estilo, que deve ser agradável ou magnífico.

Por que razão ela deverá ser superior à sensatez, à liberdade ou a qualquer outra coisa que indique virtude moral? Pois é evidente que, se a virtude do estilo foi definida corretamente, o que dissemos será suficiente para torná-lo agradável. Por que, se para não agradar, deve ser claro, não ser simples, mas apropriado? Pois, se for muito redundante, não será claro, nem se for muito conciso, logo, é óbvio que o meio-termo é o mais adequado. O que dissemos tornará o estilo agradável, isso se houver uma boa mistura de palavras corriqueiras e incomuns, além de um ritmo e persuasão resultantes do que é conveniente.

13

Sobre o estilo, isso conclui o que tínhamos a dizer, quer no que diz respeito aos três tipos de retórica em geral, quer a cada um deles em particular. Resta-nos falar sobre a disposição.

Há duas partes no discurso: é preciso enunciar o assunto e depois prová-lo. Portanto, é impossível fazer uma declaração sem prová-la, ou prová-la sem primeiro apresentá-la; pois provar algo implica a existência de uma prova, e enunciar previamente algum assunto tem como objetivo prová-lo.

[2] A primeira dessas duas partes é a exposição do caso, a segunda é a prova, tal como se fosse uma divisão de que uma coisa é um problema e a outra sua demonstração.

[3] Atualmente, a divisão é feita de modo ridículo; pois, de certa forma, a narrativa pertence apenas ao discurso forense. Como é possível, então, que haja, no discurso epitídico ou no deliberativo, uma narrativa, tal como é definida? Ou ainda uma refutação e um epílogo nos discursos epitídicos? Em discursos deliberativos, por sua vez, o proêmio, a comparação e a recapitulação só são

admissíveis quando há um conflito de opinião, pois, tanto a acusação quanto a defesa, são frequentemente encontradas no discurso deliberativo, mas não como uma deliberação em si. E, além disso, o epílogo nem sequer é necessário a todo discurso forense, como, por exemplo, quando o discurso é breve, ou o assunto é fácil de lembrar; pois, no epílogo, o que acontece é que há um encurtamento da extensão do discurso.

[4] Portanto, as partes necessárias de um discurso são a exposição do caso e a prova. Essas divisões são apropriadas para cada discurso e, no máximo, as partes são: proêmio, declaração, prova e epílogo. A refutação de um oponente faz parte das provas, e a comparação é uma ampliação do próprio caso e, portanto, também faz parte das provas (pois aquele que faz isso procura provar alguma coisa), mas não o proêmio e o epílogo, pois são apenas ajudas à memória.

[5] Por fim, se adotarmos todas essas divisões do mesmo modo que faziam os seguidores de Teodoro, teremos que considerar como elementos distintos a narrativa, a narrativa suplementar, a narrativa preliminar, a refutação e a refutação suplementar. Contudo, só se deve adotar um nome para expressar um elemento distinto ou uma diferença real, caso contrário, torna-se vazio e tolo, como os termos introduzidos por Licímnio em sua *Arte*, na qual ele fala de "improvisação", "divagações" e "ramificações".

14

O proêmio é o início de um discurso, assim como o prólogo é na poesia e o prelúdio é na música de flauta. Todos eles são começos e, por assim dizer, uma preparação do caminho para o que se segue.

O prelúdio é semelhante ao proêmio dos discursos epitídicos, pois, assim como os flautistas começam tocando aquilo que podem executar habilmente e o ligam à nota que dá o tom[162], assim também, em discursos epitídicos, deve ser a composição do proêmio: o orador deve dizer imediatamente o que quiser, introduzir a nota que dá o tom e, em seguida, ligar o proêmio ao assunto principal. Todos os oradores fazem isso, a exemplo do proêmio da *Helena*, de Isócrates; pois os filósofos erísticos e Helena nada têm em comum[163]. Ao mesmo tempo, mesmo que o orador se afaste do tema, o resultado é também apropriado, para que o discurso não seja monótono.

[2] Em discursos epitídicos, os proêmios são derivados de elogios e acusações (como Górgias, no seu *Olímpico*, diz: "vocês são dignos de serem admirados por muitos, ó homens helenos", pois ele está elogiando aqueles que organizaram os festivais. Isócrates, por outro lado, os censura porque honraram, com recompensas, as excelências corporais, mas não instituíram nenhum prêmio para os homens sensatos).

[3] Também podem ser derivados de conselhos (p. ex., deve-se honrar os bons, por essa razão que o orador elogia Aristides, ou aqueles que são de reputação nem boa nem má, mas que, embora sejam bons, permanecem desconhecidos, como Alexandre, filho de Príamo; pois o orador está aconselhando).

[4] Além disso, eles podem ser derivados de proêmios forenses, ou seja, de apelos ao ouvinte, se acaso o assunto tratado for paradoxal, difícil, ou já discutido por muitos, a fim de obter desculpas; como, por exemplo, Quérilo: "agora, quando tudo foi distribuído". Então, são destas fontes que o proêmio epitídico provém: elogios, acusações, exortações, dissuasões e apelos ao ouvinte. E esses proêmios devem ser estranhos ou intimamente ligados ao discurso.

[5] Quanto ao proêmio do discurso forense, deve-se notar que eles produzem o mesmo

efeito que os prólogos das peças dramáticas e os proêmios dos poemas épicos. Os proêmios dos ditirambos assemelham-se aos proêmios epitídicos: "por você e seus presentes ou espólios de guerra".

[6] Porém, em discursos forenses, assim como os prólogos dos poemas épicos, os proêmios fornecem uma amostra do assunto, a fim de que os ouvintes possam saber de antemão do que se trata, e que o entendimento não seja mantido em suspense, pois o que é indefinido leva ao erro; então, aquele que coloca o começo, por assim dizer, na mão do ouvinte faz com que este o acompanhe no discurso. Por isso, temos o seguinte: "cante, ó deusa, a cólera"[164]; "conte-me sobre o homem, ó musa"[165]; "inspire-me com outro tema, como, das terras da Ásia, veio uma grande guerra para a Europa". Da mesma forma, os poetas trágicos deixam claro o tema de seu drama, se não no início, como Eurípides, pelo menos em algum lugar do prólogo, como Sófocles: "meu pai era Pólibo"[166]. É o mesmo na comédia. Portanto, a função mais essencial e específica do proêmio é deixar claro qual é a finalidade ou propósito do discurso (portanto, se o assunto for bastante óbvio ou insignificante, o proêmio não deve ser utilizado).

[7] Todas as outras formas de estilo em uso são recursos oratórios e são comuns a todos os gêneros da retórica. É dito que tais fontes são derivadas do orador, do ouvinte, do assunto e do oponente. Em relação ao orador e ao oponente, é tudo o que ajuda a refutar ou criar uma acusação (contudo, não deve ser feito de maneira semelhante, pois, na defesa, o réu deve lidar com isso no início, já o acusador, no epílogo. O motivo disso é óbvio: é necessário que o réu, quando estiver prestes a se apresentar, remova todos os obstáculos, de modo que deve, primeiramente, afastar todas as acusações; o acusador, por sua vez, deve criar uma acusação no epílogo,

para que seus ouvintes lembrem melhor dela). Em relação ao ouvinte, o objetivo é torná-lo complacente, despertar sua indignação, e, às vezes, chamar sua atenção ou o contrário; pois nem sempre é conveniente prender sua atenção, razão pela qual muitos oradores tentam provocar riso em seus ouvintes. Quanto a levar os ouvintes a uma boa compreensão, todos esses recursos causarão isso se o orador desejar, incluindo a aparência de ser alguém respeitável, porque as pessoas prestam mais atenção nas pessoas respeitáveis. Os ouvintes são também mais atentos quanto às coisas que são importantes, que dizem respeito aos seus próprios interesses, que são surpreendentes e que são agradáveis. Portanto, deve-se introduzir a ideia de que o discurso trata de tais assuntos. Porém, para tornar seus ouvintes desatentos, o orador deve persuadi-los de que o assunto não é importante, que não lhes diz respeito e que é penoso.

[8] Entretanto, não se deve esquecer o fato de que todas essas coisas são exteriores aos assuntos dos discursos, pois elas são dirigidas apenas a um ouvinte cujo julgamento é de pouco valor e que só está pronto para ouvir o que está além do assunto, visto que, se ele não fosse assim, não haveria necessidade de um proêmio, exceto apenas para fazer uma exposição resumida do assunto, de modo que o "corpo possa ter uma cabeça"[167].

[9] Além disso, atrair a atenção dos ouvintes é comum a todas as partes do discurso, caso seja necessário; pois a distração é maior em qualquer outro lugar do que no início. Nesse sentido, é ridículo exigir atenção no início do discurso, quando todos ouvem com a maior atenção. Portanto, quando chegar o momento certo, deve-se dizer: "e prestem atenção, porque isso não diz respeito mais a mim do que a vocês mesmos" e "eu lhes direi uma coisa tão horrível e maravilhosa como nunca ouviram

falar antes". Isso é o que Pródico costumava falar sempre que seus ouvintes começavam a adormecer, ele lhes lançava um pouco de sua "palestra de cinquenta dracmas"[168].

[10] Por outro lado, que não se fala assim ao ouvinte na sua qualidade de ouvinte, é evidente; pois todos os oradores, em seus proêmios, tanto acusam quanto defendem-se de seus receios: "ó rei, não direi isso com pressa"[169] e "por que este proêmio?"[170] Isso é o que também fazem aqueles que têm, ou parecem ter, um caso grave; pois é melhor perder tempo em qualquer coisa do que no caso em si. É por isso que os escravos não respondem às perguntas, mas as contornam e se ocupam de proêmios.

[11] Como a complacência do ouvinte deve ser suscitada, já foi dito[171], bem como cada um de todos os seus constituintes. E já que foi bem dito: "permitam-me que ao chegar ao país dos feácios encontre amizade ou compaixão"[172], o orador deve ter como objetivo esses dois sentimentos. Nos discursos epitídicos deve-se fazer o ouvinte pensar que partilha do elogio, seja a ele mesmo, sua família, suas práticas, ou, pelo menos, algo desse tipo. Pois é verdade o que Sócrates diz em sua oração fúnebre: "não é difícil elogiar os atenienses na presença de atenienses, mas sim na presença de lacedemônios"[173].

[12] Os proêmios do discurso deliberativo são baseados nos proêmios do forense, mas, por natureza, eles são muito incomuns nele. Pois, de fato, os ouvintes estão familiarizados com o assunto, de modo que o caso não necessita de proêmio, exceto quando diz respeito ao próprio orador, ou a seus oponentes, ou se os ouvintes atribuem muita ou pouca importância ao assunto de acordo com seu ideal. Portanto, o orador deve acusar ou refutar o assunto, e ampliar ou minimizar sua importância. Essas são as razões para um proêmio; ou então

como propósito de ornamento, já que sua ausência faz com que a fala pareça improvisada. Pois assim é o encômio aos cidadãos de Élide, em que Górgias, sem ter preparado a si mesmo ou qualquer proêmio, começa imediatamente: "Élide, *pólis* feliz".

15

No que diz respeito à acusação, uma forma de removê-la é usar os argumentos pelos quais alguém poderia se livrar de alguma suspeita desagradável (pois, aqui, não faz diferença se essa suspeita foi dita ou não, de modo que isso pode ser de aplicação geral).

[2] Outra forma, de modo a contestar todos os pontos em questão, é afirmar que o fato não existe, ou que ele não é nocivo – pelo menos para o autor –, ou que não é tão importante, ou que não é injusto – ou que apenas ligeiramente injusto –, ou que não é nem vergonhoso nem possui uma ordem de grandeza. Esses são os possíveis pontos de contestação; como Ifícrates, em resposta a Nausícrates, que disse ter feito o que o acusador alegou e infligiu danos, mas negou que tivesse sido injusto. Outra maneira, é a de estabelecer uma compensação quando culpado de injustiça, sustentando que, embora a ação tenha sido prejudicial, era honrosa, embora tenha sido dolorosa, foi útil, ou qualquer outra coisa do gênero.

[3] Outra maneira consiste em dizer que o ato se trata de um erro, infortúnio ou por necessidade; como, por exemplo, Sófocles quando disse que tremia, não, como disse o acusador, para parecer velho, mas por necessidade, pois não era por sua vontade que tinha oitenta anos. Pode-se também substituir um motivo por outro e dizer que não pretendia causar prejuízo, mas fazer outra coisa, não aquela de que foi acusado, mas que foi um ato acidental: "seria justo o seu ódio, se eu tivesse,

porventura, feito isso". [4] Outra maneira pode ser empregada se o acusador, ele mesmo ou alguém intimamente relacionado a ele, estiver envolvido em uma acusação semelhante, atual ou anterior; [5] ou, se houver outros envolvidos que todos concordam não estarem expostos à acusação; por exemplo: se fulano é acusado de ser adúltero, porque se veste com elegância e requinte, então qualquer outro, sendo como ele, também é; [6] ou ainda, se o acusador já acusou outros, ou se ele mesmo foi acusado; ou se causou suspeitas sem motivos de acusação, como a que ele faz agora, e os acusados foram declarados não culpados; [7] uma outra forma consiste em contra-atacar o acusador; pois, se ele não for digno de confiança, é estranho que suas palavras venham a ser confiáveis.

[8] Outra, é apelar a uma decisão já dada, como Eurípides fez no caso contra Higiénon, sobre a troca de fortuna[174], quando Higiénon o acusou de impiedade por ter aconselhado perjúrio no verso: "a língua jurou, mas a mente não é consagrada por juramento"[175]. Eurípides respondeu que seu acusador cometia um ato injusto ao trazer as decisões do tribunal das dionisíacas para os tribunais de justiça; pois já havia prestado contas do que disse ali, ou viria a prestar, se o adversário desejasse acusá-lo.

[9] Outra forma consiste em repreender a acusação, mostrando o quão grave é, que isso altera a natureza dos julgamentos e que não se baseia nas provas do caso.

Um tópico comum a ambas as partes são os sinais de reconhecimento, como Odisseu, no *Teucro*, que acusa Teucro de ser parente de Príamo, pois Hesíone é sua irmã; Teucro responde que seu pai, Télamon, era inimigo de Príamo, e que ele não havia denunciado os espiões.

[10] Outra forma, adequada ao acusador, é elogiar longamente algo sem importância e

condenar algo importante de maneira breve; ou, depois de apresentar diversas coisas louváveis no oponente, condena a única coisa que tem uma relação favorável com o caso. Essas formas são tecnicamente as mais engenhosas e as mais injustas; pois, com seu uso, procura-se tornar prejudicial a um homem aquilo que há de bom nele, misturando-o com o que há de mau.

Por fim, uma forma é comum ao acusador e ao defensor. Uma vez que um mesmo ato pode ter sido feito por vários motivos, o acusador deve depreciá-lo, enfatizando seu pior lado, enquanto o defensor deve enfatizá-la no melhor sentido. Por exemplo, quando Diomedes escolheu Odisseu[176], por um lado, pode-se dizer que o fez porque o considerava o mais valente dos homens, por outro, porque Odisseu era o único homem que não rivalizaria contra ele, já que era de um nível inferior.

16

Isso é o que havia a ser dito quanto à acusação. No estilo epitídico, a narração não deve ser contínua, mas em partes; pois é necessário passar pelas ações que constituem o assunto do discurso. Um discurso é feito de uma parte sem artifício (pois o orador não é o autor das ações que ele relata) e de outra que depende da arte. Esta última consiste em mostrar que a ação aconteceu, se é confiável, se é de certo tipo, de certa importância, ou tudo isso ao mesmo tempo.

[2] É por isso que, às vezes, é conveniente não narrar todas as ações consecutivamente, porque uma demonstração desse tipo é difícil de lembrar. A partir de algumas ações, pode-se mostrar que um homem é corajoso, e, por outras, sábio ou justo. Além disso, um discurso desse tipo é mais simples, enquanto o outro é complexo e não é contido.

[3] Quanto às ações bem conhecidas, é necessário apenas relembrá-las; por isso que a maioria dos discursos epitídicos não precisa de narração. Por exemplo, se você deseja elogiar Aquiles (pois todos sabem de seus feitos), só é necessário fazer uso de seus feitos. Contudo, se você deseja elogiar Crícias, a narração é necessária, pois não são muitos que o conhecem.

[4] Atualmente, é risivelmente dito que a narração deve ser rápida. E, no entanto, como quando alguém disse "O quê?! É impossível amassar bem?" ao padeiro que perguntou se deveria amassar o pão duro ou macio, assim, também, é nesse caso; pois a narração não deve ser de grande dimensão, assim como os proêmios não devem ser extensos, nem as provas. Pois, nesse caso, o melhor não consiste em rapidez ou concisão, mas a justa medida; isso significa dizer tudo o que tornará o assunto claro, ou criará a crença de que aconteceu ou causou danos ou injustiças, ou que os assuntos são tão importantes quanto você deseja que sejam. O oponente, por seu turno, deve fazer o oposto.

[5] E, aliás, você deve narrar tudo o que tende a mostrar a sua própria virtude (p. ex.: "Eu o recomendei, para expressar sempre coisas justas e não abandonar seus filhos"), ou a maldade de seu oponente, por exemplo: "Mas ele me respondeu que, onde quer que estivesse, sempre encontraria outros filhos" – que é o que Heródoto respondeu aos rebeldes egípcios –, ou qualquer coisa que possa agradar aos dicastas.

[6] No discurso de defesa, a narração pode ser mais breve; pois os pontos em questão são que o ato não aconteceu, ou não foi prejudicial, ou não foi cometida nenhuma injustiça, ou não era tão importante como afirmado. De modo que não se deve perder tempo com o que está acordado entre

todos, a menos que algo tenda a estender tal discurso, como, por exemplo, afirmar que o ato foi feito, mas não foi injusto.

[7] Além disso, só se deve mencionar coisas passadas que possam suscitar pena ou indignação, se descritas como realmente atuais; por exemplo, a defesa diante de Alcínoo, que na presença de Penélope é feita em sessenta versos[177], e a maneira como Faílo compôs um poema cíclico, e o prólogo no *Eneu*.

[8] A narração deve ser de caráter ético, e de fato o será, se soubermos o que produz esse efeito. Um recurso é deixar claro nosso propósito moral; pois assim como é tal propósito, assim é o caráter, além de ser, também, a finalidade moral. Por essa razão que os textos matemáticos não têm caráter ético, porque não têm um propósito moral (pois eles não têm finalidade moral). Contudo, os diálogos socráticos apresentam caráter ético, pois é sobre tais questões que discutem.

[9] Outros elementos éticos são as peculiaridades de cada um dos tipos de caráter; por exemplo: "ele falava e andava ao mesmo tempo", isso mostra, claramente, audácia e rusticidade de caráter. Não devemos, também, falar com base no intelecto, como os atuais oradores, mas com base num propósito moral: "eu desejava isso, pois preferia isso" e "mesmo que eu não tenha ganho nada, era o melhor". A primeira afirmação é de alguém sensato, a segunda, de alguém virtuoso; pois a sensatez consiste na busca do que é útil, e a virtude do que é honrado. Se algo desse tipo não for confiável, então a razão deve ser adicionada, assim como Sófocles faz. Um exemplo está na *Antígona*, em que ela se importava mais com seu irmão do que com seu marido ou filhos; pois estes últimos podem ser substituídos depois de terem partido, "mas quando a mãe está no Ha-

des, e o pai também, não há irmão que possa jamais nascer"[178]. Se você não tiver uma razão, deve pelo menos dizer que está ciente de que o que afirma não é confiável, mas que você é assim por natureza; pois ninguém acredita que um homem faça algo voluntariamente, exceto por motivos de interesse próprio.

[10] Além disso, a narração deve ser baseada no que é emocional, seja pelas consequências que seus ouvintes bem conhecem, seja pelo que é especialmente característico a você mesmo ou a seu oponente: "ele saiu olhando desdenhosamente para mim"; ou como Ésquines diz de Crátilo, que este estava assobiando e sacudindo as mãos. Tais elementos são persuasivos porque, sendo conhecidos pelo ouvinte, eles se tornam símbolos daquilo do que não sabem. Numerosos exemplos disso são encontrados em Homero: "assim disse, e a idosa cobriu o rosto com as mãos"[179]; pois, aqueles que estão começando a chorar, cobrem os olhos. E você deve apresentar-se imediatamente e a seu oponente como sendo de certo caráter, para que os ouvintes possam considerá-lo como tal; porém, faça isso sem ser percebido. Que isso é fácil, observa-se a partir do caso dos mensageiros das tragédias: não sabemos nada do que eles vão dizer, mas mesmo assim formulamos uma certa suposição. A narração deve ser introduzida em vários lugares, mas, algumas vezes, não deve ocorrer no início.

[11] No discurso deliberativo, a narração é muito rara, porque ninguém pode narrar o que está por vir; mas, se houver narração, que seja de coisas passadas, a fim de que, lembrando-se delas, os ouvintes possam melhor aconselhar sobre o futuro, seja criticando, seja elogiando. Entretanto, nesse caso, o orador não desempenha a função de deliberativo. Se houver algo que não seja confiável, deve-se, imediatamente, prometer dar uma razão para isso e colo-

cá-la sob o julgamento de quem os ouvintes aprovarem; como, por exemplo, o caso de Jocasta, no *Édipo* de Cárcino, que sempre respondia com promessas a quem perguntava em busca de seu filho e Hémon[180], de Sófocles.

17

As provas devem ser demonstrativas. Como os pontos em discussão são quatro, a demonstração deve ser formulada sobre o ponto que está em questão; por exemplo, se a discussão for em relação a algo que não aconteceu, a prova disso deve ser apresentada no julgamento antes de qualquer outra coisa; isso ocorre também se for em relação a algo que não causou nenhum prejuízo, ou que não era tão importante quanto afirmado, ou que foi justo; do mesmo modo se a discussão for sobre um fato que aconteceu.

[2] Porém, é imperativo não se esquecer de que é apenas nesse tipo de discussão que uma das duas partes deve, necessariamente, ser alguém de mau caráter; pois a ignorância não é a causa do seu ato, como poderia ser se o problema em discussão fosse o justo ou injusto; de modo que, neste caso, deve-se dedicar algum tempo ao tema, mas não aos demais.

[3] Em discursos epitídicos, a amplificação é empregada, via de regra, para provar que as coisas são honrosas e úteis; pois os fatos devem ser tomados com confiança, uma vez que as provas destes raramente são requeridas, a não ser que não sejam confiáveis ou que outro tenha a responsabilidade.

[4] No discurso deliberativo, pode-se sustentar ou que certas consequências não acontecerão, ou que acontecerá o que o adversário recomenda, mas não será justo nem adequado, nem tão importante como suposto. Mas é preciso também verificar se ele faz declarações falsas quanto a

coisas fora do assunto, pois isso parece uma prova indiscutível de que ele também faz declarações falsas sobre outros assuntos.

[5] Os exemplos são mais adequados para o discurso deliberativo e entimemas para o forense. O deliberativo se preocupa com o futuro, de modo que seus exemplos devem ser narrados a partir de acontecimentos passados. O forense, por seu lado, se preocupa com a questão da existência ou não de fatos, em que estão mais presentes as provas demonstrativas e necessárias; pois o passado tem um certo tipo de necessidade.

[6] Não se deve introduzir uma série de entimemas de forma contínua, mas intercalá-los; caso contrário, causam danos uns aos outros, pois há um limite de quantidade. "Amigo, já que disseste *tantas coisas quantas* um homem sábio diria"[181], mas não *tantas coisas como*. [7] Nem se deve tentar encontrar entimemas sobre todas as coisas; caso contrário, você estará fazendo como alguns filósofos fazem, que formulam silogismos que são mais conhecidos e mais plausíveis do que as premissas das quais foram tiradas. [8] E sempre que despertar uma emoção, não formule um entimema (pois ele fará a emoção desaparecer ou será dita em vão; é que os movimentos simultâneos mudam uns aos outros, resultando em sua anulação ou tornando-os fracos), tampouco se deve buscar um entimema no momento em que deseja dar ao discurso um caráter ético; pois a demonstração não envolve nem caráter moral nem propósito moral.

[9] As máximas, por outro lado, devem ser usadas tanto na narração quanto na prova, pois expressam caráter moral; por exemplo: "eu dei a ele o dinheiro, embora sabendo que não se deve confiar em ninguém", ou, para despertar emoção: "não me arrependo, embora eu tenha sido injustiçado; o lucro fica para ele, mas a justiça para mim".

[10] A oratória deliberativa é mais difícil do que a judiciária, o que é natural, porque tem a ver com o futuro; ao passo que a judiciária tem a ver com o passado, que já é conhecido, até mesmo pelos adivinhos, como dizia Epimênides, o cretense (pois ele costumava adivinhar, não sobre eventos futuros, mas apenas sobre eventos passados, porém não muito claros). Além disso, a lei é o tema-base nos discursos forenses; e quando se tem um princípio básico, é mais fácil encontrar uma prova demonstrativa. Falar deliberadamente não permite muitas digressões, como, por exemplo, ataques ao adversário, comentários sobre si mesmo ou tentativas de despertar emoções, pelo contrário, nas deliberações há menos espaço para digressões do que em qualquer outro tipo de discurso, a menos que o orador se desvie do assunto. Portanto, na falta de recursos, deve-se fazer como os oradores de Atenas, como Isócrates, pois mesmo quando delibera, ele faz acusações contra os lacedemônios, por exemplo, no *Panegírico*[182], e contra Cares nos *discursos aliados*[183].

[11] Os discursos epitídicos devem ser variados com episódios elogiosos, como faz de Isócrates, que está sempre introduzindo alguém. É o que Górgias quis dizer quando afirmava que nunca ficava sem saber o que dizer; pois, se ele está falando de Aquiles, ele elogia Peleu, depois Éaco, e então o deus; da mesma forma quando elogiava a coragem, que ela faz isso e aquilo, ou que é de tal tipo.

[12] Ao ter provas demonstrativas, então, sua linguagem deve ser de maneira ética e demonstrativa; mas, caso não possua entimemas, apenas ético. Na verdade, é mais apropriado que um homem de bem se mostre virtuoso do que rigoroso em seu discurso.

[13] Entimemas refutativos são mais prezados do que demonstrativos, porque todos

os casos de refutação deixam um silogismo mais evidente; pois os opostos são mais perceptíveis quando colocados frente a frente.

[14] A refutação do oponente não é um tipo diferente de prova; seus argumentos fazem parte das provas que devem ser refutadas em parte pela objeção, em parte pelo silogismo. Tanto na retórica deliberativa quanto na judiciária, aquele que fala primeiro deve apresentar suas próprias provas e depois enfrentar os argumentos do oponente, refutando-os ou despedaçando-os. Porém, se o discurso do oponente for múltiplo, esses argumentos devem ser enfrentados primeiro, assim como fez Calístrato na assembleia dos messênios; pois refutou antecipadamente o que seus oponentes provavelmente iriam dizer e só depois apresentou os seus argumentos.

[15] Se for o último a falar, deve primeiro expor os argumentos contra o discurso do oponente, refutando-o e respondendo-o por silogismos, especialmente se seus argumentos forem bem recebidos. Pois, como a alma não é receptiva para com aquele que foi anteriormente censurado, o mesmo ocorre com o discurso, se se pensa que o adversário falou bem. Deve-se, portanto, abrir espaço na alma do ouvinte para o discurso que se pretende fazer; e para isso você deve destruir a impressão feita pelo adversário. Portanto, é somente depois de ter combatido todos os argumentos, ou os mais importantes, ou aqueles que são plausíveis, ou mais fáceis de refutar, que você deve fundamentar suas próprias provas. "Primeiramente, das deusas me tornarei aliada, pois [não acho] que Hera..."[184], nessas palavras, o poeta primeiro agarrou-se ao argumento mais simples.

[16] Sobre as provas, isso é, portanto, o que há de se dizer. Quanto ao caráter moral, já que às vezes, ao falar de nós mesmos, nos tornamos

sujeitos à inveja, à acusação de prolixidade, ou de contradição, ou, quando falamos de outro, podemos ser acusados de injúria ou grosseria, devemos fazer com que outro fale em nosso lugar, como faz Isócrates em *Filipe* e na *Antídose*. Assim como Arquíloco nas suas censuras; pois, em seu verso iâmbico, ele faz o pai falar o seguinte de sua filha: "com dinheiro, não há nada além de inesperado e de que possa ser jurado como impossível"[185], e o carpinteiro Caronte no verso iâmbico cujo início é "eu [não me importo com a riqueza] de Giges"[186]; e também Sófocles que apresenta Hémon defendendo Antígona contra seu pai, como se falasse as opiniões dos outros[187].

[17] Deve-se também, às vezes, transformar entimemas em máximas morais; por exemplo: "é preciso que os homens sensatos se reconciliem quando são prósperos; pois desta maneira eles obterão as maiores vantagens", que é equivalente ao entimema: "se é preciso que os homens se reconciliem sempre que for mais útil e vantajoso, eles devem se reconciliar em um tempo de prosperidade".

18

No que se refere à interrogação, seu emprego é especialmente oportuno quando o oponente já tiver falado o contrário, de modo que o acréscimo de uma pergunta torna o resultado estranho; como, por exemplo, quando Péricles interrogou Lâmpon sobre a iniciação nos mistérios da deusa salvadora, este lhe respondeu que não era permitido para um não iniciado ouvir sobre eles, então, Péricles perguntou-lhe se ele próprio conhecia os ritos, e ao afirmar, Péricles perguntou ainda: "Como? Já que você não é um iniciado?"

[2] Uma segunda situação é quando uma das duas proposições é evidente, e é óbvio

que o oponente admitirá a outra se você perguntar a ele. Mas, tendo obtido a admissão da primeira proposição, não deve fazer uma pergunta adicional sobre o que é evidente, mas deve enunciar uma conclusão. Por exemplo, Sócrates, quando acusado por Meleto de não acreditar nos deuses, perguntou se ele não disse que reconhecia algo divino, e, quando Meleto confirmou, Sócrates passou a perguntar se os seres divinos não eram filhos dos deuses ou algo semelhante a um deus. Quando Meleto confirmou novamente, Sócrates respondeu: [3] "Há alguém, então, que pense que existem filhos de deuses, mas não deuses?" A terceira situação é quando se pretende mostrar que o oponente fala coisas contraditórias ou que ele apresenta um paradoxo.

[4] A quarta situação é quando o oponente não pode fazer nada além de refutar a questão de forma sofística; pois se ele responder "é e não é", ou "algumas coisas são, mas algumas não", ou "Em um sentido é assim, em outro não", os ouvintes manifestam desaprovação contra o orador por estar em dificuldade. Em outros casos, não discuta usando interrogações, pois, se o adversário levanta uma objeção, o interrogador parecerá que foi vencido, já que é impossível fazer várias interrogações, devido à fraqueza do ouvinte. Portanto, também devemos sintetizar nossos entimemas tanto quanto possível.

[5] Perguntas ambíguas devem ser respondidas definindo-as por um discurso preciso e não muito conciso; aquelas que parecem suscetíveis de nos contradizer devem ser respondidas de imediato, antes que o adversário tenha tempo de fazer a próxima pergunta ou de concluir um silogismo; pois não é difícil ver previamente no que seu discurso se baseia. Isso nos é claro a partir dos *Tópicos*, assim como os meios de refutação.

[6] Se uma conclusão for feita na forma de uma pergunta, devemos declarar o motivo de nossa resposta. Como, por exemplo, Sófocles que foi questionado por Pisandro se ele, assim como os outros membros da assembleia, havia aprovado a criação dos Quatrocentos, ele confirmou. Pisandro novamente perguntou: "Por quê? Essas coisas não te parecem perversas?" e Sófocles confirmou. "Então você fez o que era perverso?", "Sim", respondeu Sófocles, "pois não havia nada melhor a ser feito". Também é o caso do lacedemônio que foi chamado a prestar contas de seu cargo de éforo, ao ser questionado se parecia justo que o resto de seus colegas haviam sido condenados à morte, respondeu que sim. "Mas você não aprovou as mesmas medidas que eles?", ele novamente respondeu que sim. "Você, então, também não poderia ser executado?", o lacedemônio respondeu: "de modo algum! Pois meus colegas fizeram isso por dinheiro, eu não! Agi de acordo com a minha consciência". Por essa razão, não devemos fazer mais perguntas após uma conclusão, nem colocar a própria conclusão como uma pergunta, a menos que a verdade esteja a nosso favor.

[7] Quanto às brincadeiras, já que às vezes parecem ser úteis em debates, Górgias, de forma correta, disse que é preciso confundir a seriedade dos oponentes com brincadeira e suas brincadeiras com seriedade. Sobre elas, já dissemos na *Poética* quantos tipos existem, sendo algumas delas apropriadas ao homem livre, outras não, de modo que o orador possa tirar delas o que mais for conveniente. A ironia é mais adequada a um homem livre do que a brincadeira de mau gosto, pois o irônico ri consigo mesmo, enquanto o brincalhão ri dos outros.

19

O epílogo é composto de quatro partes: dispor o ouvinte favoravelmente para a causa do orador e desfavoravelmente para a do adversário; ampliar e depreciar; excitar as emoções do ouvinte; recapitular. Após ter mostrado que se diz a verdade e que o adversário mente, segue-se um elogio e uma censura e, por fim, fazer uma última síntese do assunto. Uma das duas coisas deve ser objetivada: mostrar que você é relativamente ou absolutamente bom e mostrar o adversário relativamente ou absolutamente mau. A partir de quais elementos deve-se preparar isso, assim como os tópicos que servem para representar os homens como bons ou maus, já foram discutidos[188].

[2] Em seguida, uma vez estabelecida a prova, o natural é ampliar ou depreciar; pois é necessário que os fatos sejam admitidos, se se pretende expor a questão da grandeza; assim como o crescimento do corpo se deve a partir de elementos preexistentes. As fontes e os tópicos de amplificação e depreciação também já foram discutidos anteriormente[189].

[3] Depois disso, estando a importância e a dimensão dos fatos evidentes, deve-se provocar no ouvinte certas emoções, tais como: piedade, indignação, ira, ódio, inveja, ciúme e discórdia. Novamente, os tópicos destes também foram previamente expostos[190], [4] de modo que resta apenas recapitular o que foi dito. Isso pode ser feito apropriadamente aqui e não no proêmio, como certos retóricos erroneamente dizem e aconselham que, para que os pontos sejam efetivamente compreendidos, é preciso repeti-los frequentemente. No proêmio devemos expor o assunto, para que a questão a ser decidida não passe despercebida, mas no epílogo devemos dar um resumo do que foi mostrado.

[5] Por esse motivo, devemos começar dizendo que cumprimos nossa promessa e, em seguida, declarar o que dissemos e por quê. O caso também pode ser comparado ao do oponente. Convém comparar o que os dois argumentaram sobre o mesmo ponto, ou contrapor tais argumentos ("mas meu oponente disse isso sobre este ponto, e eu disse aquilo e por essas razões"), ou ironizá-los (p. ex.: "ele disse isso e eu respondi aquilo" e "o que ele poderia fazer, se tivesse provado isso, mas não aquilo?"), ou interrogá-los ("o que então foi provado?" ou "o que meu oponente provou?"). Podemos, portanto, resumir por comparação ou segundo a ordem natural dos argumentos, tal como se disse, sendo os nossos primeiro e, depois, tratar separadamente, se assim o desejarmos, o que foi dito por nosso oponente.

[6] Como conclusão do discurso, o estilo mais adequado é aquele que não tem partículas coordenadas, para que seja de fato um epílogo e não um discurso: "eu falei, vocês ouviram, vocês têm os fatos, julgue!"

Notas

1. No aristotelismo, o entimema é um silogismo formulado apenas em função de seu efeito retórico.

2. Forma de raciocínio baseada na dedução.

3. Os *Tópicos* constituem o tratado de Aristóteles sobre a arte dialética.

4. Analogia usada para assumir um caráter, apropriar-se (ὑποδύεται ὑπὸ τὸ σχῆμα – *hypodýetai hypò tò schēma*).

5. Texto de Aristóteles composto de dois livros – *Analíticos posteriores* e *Analíticos inferiores* – que analisam os argumentos.

6. Um tratado de Aristóteles perdido. Supõe-se que tenha lidado com algum ramo da Lógica.

7. Aristóteles mostra, aqui, como se confunde o conceito de prova irrefutável (*tekmḗrion*). Esse termo deriva de τέκμαρ (*tékmar*), que, em um momento anterior da língua grega, apresentava o significado de algo concluído; porém, deixou de ter esse significado e passou a apresentar o significado de "limite". Nos tempos de Aristóteles, o termo πέρας (*péras*) era usado como correspondente a conclusão. Logo, algo que é concluído (*péras*) não tem relação com uma prova irrefutável (*tekmḗrion*).

8. Ou político.

9. Ou judicial.

10. Ou demonstrativo.

11. *Ilíada*, canto I, v. 255.

12. *Ilíada*, canto II, v. 176.

13. *Ilíada*, canto II, v. 298.

14. Provérbio grego cuja significação é incerta. Uma das teorias é de que seria uma analogia a um trabalho perdido ou desperdiçado.

15. Na *Ilíada*, o coríntio Glauco é descrito como um aliado dos troianos. Simônides queria elogiá-lo, mas os coríntios ficaram desconfiados e viram essas palavras com um significado satírico, de acordo com a visão que Aristóteles acabou de expressar.

16. Esta passagem faz referência ao episódio no qual Calístrato perdeu o controle sobre a cidade de Oropo, situada na Beócia, que havia sido invadida pelos tebanos. A política de Calístrato foi executada por Cábrias, mas as negociações fracassaram e os tebanos se recusaram a partir. Isso levou Calístrato e Cábrias a julgamento.

17. As primeiras palavras da *Olímpica I*, de Píndaro.

18. *Ilíada*, canto IX, v. 592-594.

19. Simônides, frag. 163.

20. *Odisseia*, canto XXIII, v. 347.

21. *Áristos* (ἄριστος) é a palavra grega para "melhor".

22. "Monarquia" tem origem na junção das palavras *mónos* (μόνος – sozinho/único) e *árchō* (ἄρχω – comandar).

23. Para Aristóteles, o paralogismo é como qualquer falso silogismo; i. é, um raciocínio errado e falso.

24. *Menexêno*, 235d.

25. *Encômio* é um tipo de elogio voltado às realizações e obras de um homem. O *elogio* é referente às virtudes.

26. Cap. 6.

27. Eurípides, frag. 133.

28. *Odisseia*, canto XV, v. 400-401.

29. *Ilíada*, canto XVIII, v. 109.

30. *Ilíada*, canto XXIII, v. 108.

31. Jogo composto de cinco peças; normalmente são utilizadas pedrinhas. Os jogadores lançam as peças ao ar e tentam pegar o maior número possível

na parte de trás das mãos, enquanto caem. Ganha aquele que pegar o maior número de pedras.

32. *Orestes*, v. 234.

33. Eurípides, frag. 183.

34. Provérbio equivalente a "uma presa fácil". Mísia era uma região no noroeste da antiga Ásia Menor e seus habitantes, os mísios, eram considerados covardes, que não sabiam se defender.

35. Enesidemo, tirano de Leontini, enviou um prêmio a Gelão, tirano de Siracusa, por este ter escravizado um Estado vizinho, como uma referência e um elogio por ter "jogado o jogo" com tanta habilidade. O cótabo era um jogo que consistia em arremessar borras de vinho em um alvo no meio da sala, e o vencedor receberia um prêmio, incluindo bolos, doces ou beijos.

36. *Antígona,* v. 456-457.

37. Obra perdida de Alcídamas. Este trecho foi riscado dos manuscritos, dando a impressão de que o escriba temia que a ideia passada pudesse provocar uma rebelião de escravos. Não há como saber exatamente o que Aristóteles citou; porém, há uma nota anônima que aparece nesse trecho e atribui a Alcídamas o trecho: "Deus deixou livres todos os homens; a natureza não fez ninguém escravo" (ἐλευθέρους ἀφῆκε πάντας θεός, οὐδένα δοῦλον ἡ φύσις πεποίηκεν).

38. *Antígona*, v. 456-458.

39. Atenas e Mégara lutavam pela posse da Ilha de Salamina. Os espartanos, atuando como juízes, decidiram em favor de Atenas com base nas linhas 557 e 558 do canto II da *Ilíada*, que foram usadas pelos atenienses para mostrar que Salamina pertencia a Atenas.

40. Sólon, frag. 22.

41. Temístocles, general ateniense, associou o termo "muralha de madeira", dito pelo oráculo, à sua frota de navios, recuando, assim, a *pólis* e derrotando os persas na batalha naval de Salamina.

42. Livro I, cap. 9.

43. *Ilíada*, canto VIII, v. 109-110.

44. *Ilíada*, canto I, v. 356.

45. *Ilíada*, canto IX, v. 648.

46. *Ilíada*, canto II, v. 196.

47. *Ilíada*, canto I, v. 82.

48. A origem é desconhecida. Pode ser uma alusão ao episódio mítico em que Pléxipo mata seu tio Meléagro numa disputa pela pele do javali calidônio, um javali de extraordinária potência e força.

49. *Odisseia*, canto XIV, v. 29-31.

50. *Odisseia*, canto IX, v. 504.

51. *Ilíada*, canto XXIV, v. 54.

52. Um provérbio dito por Hesíodo em *Trabalhos e dias*, que mostra a rivalidade entre pessoas da mesma profissão.

53. Eurípides foi enviado a Siracusa, na Sicília, como embaixador para pedir paz e amizade, e, ao ser recusado, disse: "Ó siracusanos, se não fosse por outra razão além de estarmos apenas sentindo a necessidade de sua amizade, devem respeitar a nossa admiração". Aqui é sugerido, também, que não se trata do poeta Eurípides, mas sim do general ateniense.

54. Aristóteles fala, aqui, do episódio em que o tirano Dionísio perguntou ao poeta Antifonte qual era o melhor bronze do mundo. O poeta respondeu-lhe que era aquele com o qual os atenienses fizeram as estátuas de Harmódio e Aristógito, os matadores de tiranos. Tal resposta deixou Dionísio irritado, e o tirano o condenou à morte imediatamente.

55. As categorias na lista de Aristóteles são dez; além das citadas aqui, as outras são: relação, posição, posse, atividade e passividade.

56. *Ilíada*, canto XI, v. 542. Apenas o primeiro verso é visto na obra de Homero, o segundo não é encontrado em nenhum manuscrito.

57. Frase atribuída a Ésquilo.

58. Duas rochas situadas entre a Espanha e o Marrocos, no Estreito de Gibraltar. Segundo os gregos antigos, ali era o fim do mundo.

59. Emulação é o sentimento que leva o indivíduo a tentar igualar-se a ou superar outrem. Uma espécie de estímulo, impulso, incentivo ou até mesmo uma competição sadia.

60. Máxima desconhecida.

61. A convenção social é a única lei que o jovem grego conhece. Fica envergonhado se a viola, porque ainda não tem ideia de leis superiores que podem ordená-lo a violá-la.

62. Um dos sete sábios.

63. Nascimento nobre, riqueza e poder.

64. Livro I, cap. 8.

65. Livro I, cap. 3.

66. Livro I, cap. 4-8.

67. Livro I, cap. 9, 10-15.

68. Livro I, cap. 9.

69. Livro I, cap. 7.

70. *Medeia*, v. 294-295.

71. *Medeia*, v. 296-297.

72. Eurípides, frag. 661.

73. *Hécuba*, v. 864.

74. *Hécuba*, v. 865.

75. *As troianas*, v. 1.051.

76. Apotegma é uma sentença que implica uma moral e geralmente é atribuída a um personagem célebre e histórico. O termo lacônico significa breve, conciso ou de poucas palavras, e deriva da sociedade espartana, situada na região da Lacônia. É em referência a uma das principais características desse povo que, devi-

do à educação militar e prática que recebia, era acostumado a somente receber ordens e, assim, não falava muito. O apotegma lacônico, portanto, é uma espécie de moral sucinta.

77. Esse apotegma quer dizer que a terra seria devastada e as árvores cortadas.

78. *Ilíada*, canto XII, v. 243.

79. *Ilíada*, canto XVIII, v. 309.

80. Provérbio registrado por Tucídides num episódio em que os coríntios reclamam da falta de energia por parte dos espartanos, em comparação com seus próprios vizinhos inquietos e problemáticos: os atenienses.

81. *Hipólito*, v. 988-989.

82. Eurípides, frag. 396.

83. Os tebanos pediram a Filipe, rei da Macedônia, para que castigasse os foceus por terem roubado o tesouro de Apolo. O rei não concordou, e quando quis atacar a Ática, atravessando os territórios dos tebanos, estes não o deixaram passar.

84. Argumento de Sócrates presente na *Apologia*, de Platão. Quando acusado de não acreditar nos deuses, Sócrates foi capaz de provar, por sua definição do divino, que não era ateu.

85. Sócrates recusou um convite para visitar Arquelau, rei da Macedônia, porque não poderia devolver os favores recebidos, o que implicaria sua vergonha e tornaria o convite uma espécie de insulto.

86. A passagem daqui se perdeu, sugere-se que é uma intenção de provar que os melhores governantes de um Estado são os filósofos, por conta das palavras que vêm a seguir.

87. Os espartanos ameaçavam invadir a terra dos argivos; porém, estes sempre diziam que era um período de festival e que os espartanos deveriam respeitar a lei sagrada de haver trégua. Agesípolis, um

rei espartano, consultou o oráculo de Zeus em Olímpia para perguntar se ele deveria respeitar tal trégua. A resposta do oráculo foi que ele poderia recusar uma trégua exigida de forma fraudulenta. Para confirmar isso, ele fez a mesma pergunta ao oráculo de Apolo, em Delfos: "A sua opinião sobre a trégua é a mesma de seu pai, Zeus?" Apolo lhe respondeu: "Certamente". Agesípolis, então, invadiu Argos. A questão é que realmente Apolo tinha pouca escolha, já que seria uma vergonha para ele, como filho, contradizer o pai.

88. Após sua derrota em Egospótamo, o general ateniense Cónon, temendo por sua vida, refugiou-se junto a Evágoras, rei de Chipre – uma prova, segundo Aristóteles, da bondade deste último.

89. Livro II, cap. 4.

90. Adquirir algo ruim com algo bom.

91. *Antídose* 15, 173.

92. Os nomes dos traidores eram inscritos em um pilar de bronze na Acrópole. Leódamas, em resposta a Trasíbulo, do partido democrático, que o acusava de remover seu nome do pilar quando seu partido chegou ao poder, disse-lhe que se ele tivesse sido originalmente colocado como um inimigo do povo e que odiava a democracia, teria preferido manter o registro provavelmente para aumentar a confiança dos Trinta nele, mesmo que o rotulassem como um traidor.

93. Leucoteia (deusa branca) era o nome de Ino na forma divina. Quando seu marido enlouqueceu, Ino se jogou no mar com o corpo de seu filho, Melicerta, para escapar dele. Ambos se tornaram divindades marinhas e protetoras dos navegantes.

94. Frag. 597, da tragédia *Tiro*. Nesta passagem ocorre um trocadilho entre as palavras Σιδερώ (*Sideró* – nome próprio) e σίδηρος (*sídēros* – ferro). Sideró, na peça, era a cruel madrasta de Tiro.

95. O nome Trasíbulo é composto pelas palavras θράσυς (*thrásys* – ousado) e βουλή (*boulé* – decisão).

96. O nome Trasímaco é composto pelas palavras θράσυς (*thrásys* – ousado) e μαχή (*maché* – luta). Trasímaco é um mestre da retórica presente na *República* de Platão.

97. πῶλος (*pōlos* – cavalo, potro).

98. O nome da deusa Afrodite (Ἀφροδίτην) tem o mesmo início da palavra loucura (ἀφροσύνης – *afrosýnēs*). Contudo, ambas as palavras não têm correlação: Afrodite, em sua composição, significa "nascida da espuma [do mar]" (*afrós* – espuma), enquanto que a palavra loucura é a composição "sem sensatez" (*a* – sem; *frosýnē* – sensatez). Aqui a referência é à Guerra de Troia, em que a Rainha Hécuba diz que Afrodite é a responsável pela destruição de seu reino.

99. Querémon, poeta trágico, também faz uso de um trocadilho, pois o nome Penteu é derivado da palavra πένθος (*péntos* – tristeza).

100. Jogo de palavras entre μῦς (*mys* – rato) e μυστήρια (*mystéria* – mistérios).

101. Não há muita certeza sobre o que seria o Cão Celestial. Provavelmente tem relação com a constelação de Sírio. Já o deus Pã é chamado de "o cão de Cibele", a grande deusa da natureza, por estar sempre acompanhado dela, e sendo, ele mesmo, um deus da natureza. O fato de Píndaro chamar Pã de "cachorro" é considerado uma glorificação desse animal.

102. "κοινὸς Ἑρμῆς" (*koinós Hermēs* – comum Hermes) era uma expressão grega usada quando uma pessoa tinha muita sorte ao acaso, geralmente relacionado a bens de valor, como encontrar uma bolsa cheia de dinheiro na rua. Se tal pessoa estivesse acompanhada de um κοινωνός (*koinōnós* – acompanhante), esse acompanhante poderia falar "comum Hermes" (com uma ideia de "vamos compartilhar!") para dividir o que foi achado. A ambiguidade, aqui, está na expressão com o nome do deus, que também era considerado o

deus dos achados e da sorte, com a palavra que designa acompanhante.

103. λόγου ἄξιος (*lógou áksios* – digno de estima ou digno de palavra); a ambiguidade está na própria palavra λόγος (*lógos*), pois pode ser tanto palavra como estima, dependendo do contexto.

104. Trasíbulo depôs os trinta indivíduos e derrubou a tirania única que eles compunham. Então reivindicou uma recompensa trinta vezes maior por ter derrubado trinta tiranias.

105. O episódio mostrado fala sobre o fracasso da expedição do Rei Senaquerib ao Egito devido a uma invasão de ratos que roeram as cordas dos arcos dos flecheiros e as correias dos cavalos.

106. Episódio anterior à Guerra de Troia mostrado em um drama satírico de Sócrates, hoje perdido. O fato de Aquiles não ter sido convidado para o banquete foi um "mero acidente de desrespeito".

107. Provérbio grego que faz alusão ao amor incestuoso. Segundo o mito, Cauno se exilou para não ceder ao amor que sentia por sua irmã gêmea, Bíblis.

108. Pítaco de Lesbos obtinha, em Mitilene, um cargo de "tirania eletiva", segundo Aristóteles. Tal cargo consistia em supervisionar a política de uma *pólis* e ser responsável por manter a paz em tempos de guerra.

109. Esses substantivos e verbos considerados próprios são aquelas palavras de uso corrente na língua grega e que se opõem aos nomes estranhos e quase não usados.

110. Cap. 3 e 7.

111. O portador da tocha era classificado como próximo do sacerdote principal; além de segurar a tocha durante os sacrifícios, ele participava da recitação do ritual e de algumas cerimônias purificatórias. Os sacerdotes pedintes coletavam esmolas em nome de várias divindades – sobretudo de Cibele –

e eram vistos como pessoas gastadoras e viciadas em todo tipo de obscenidade.

112. Frag. 705.

113. Seu nome tem *Bela Voz* como significado, é a primeira das nove musas da mitologia grega. Musa da poesia épica, da ciência em geral e da eloquência.

114. Alusão ao famoso verso de Homero: "quando surgiu a que cedo desponta, a Aurora de dedos rosados" (*Odisseia*, canto XXIII, v. 241).

115. Epítetos utilizados em *Orestes,* de Eurípides (versos 1.587-1.588). "Matricida" e "vingador de seu pai" mostram os lados bons e ruins da ação de Orestes.

116. Simônides, frag. 07.

117. Lícofron, nesta passagem, chama Círon de "homem-sínis", pois Círon e Sínis foram dois ladrões assassinados por Teseu. O autor usa o nome de um deles adjetivamente com o sentido de "destrutivo" ou "danoso".

118. Alcídamas, nesta expressão, faz um jogo de semântica, pois outra possível tradução seria "uma barreira contra as leis".

119. Faz referência ao mito em que uma jovem é transformada em andorinha para fugir de seu cunhado violento.

120. O que significa que eles não apreciaram os benefícios recebidos dos atenienses, que haviam conquistado as ilhas.

121. Tais partículas discursivas gregas dão ideia de coordenação, uma semelhança a "por um lado" e "por outro lado".

122. Creso, rei da Lídia, consultou o oráculo de Delfos para saber se deveria atacar Ciro, rei da Pérsia, ou não. Encorajado pelo oráculo ambíguo, ele o fez, mas foi derrotado.

123. Na língua grega, tais formas verbais concordam em gênero e número com o sujeito.

124. O dual era uma forma de expressar duas coisas da mesma espécie.

125. Na gramática, chamado de solecismo.

126. Colina situada na Beócia. Em seu elogio à pequena colina, Antímaco de Cólofon atribui a ela todas as boas qualidades que não possuía.

127. *Fedro*, 238d e 241e.

128. Em grego: Δαλογενὲς εἴτε Λυκίαν (*Dalogenès eíte Lykían*), cuja métrica é: Δᾱλο̆γε̆νε̆ς εῖτε̆ Λῠ̄κῐ̄αν, na qual ¯ representa uma sílaba longa e ˘ uma breve.

129. Em grego: Χρυσεοκόμα Ἕκατε παῖ Διός (*Chryseokóma Hécate paî Diós*), cuja métrica é Χρῡσε̆ο̆κο̆μᾱ ε̆κᾱτε̆ παῖ Δῐ̄ος.

130. Em grego: μετὰ δὲ γᾶν ὕδατά τ' ὠκεανὸν ἠφάνισε νύξ (*metà dè gân hýdatá t' ōkeanòn ēfánise nýks*), cuja métrica é: με̆τᾱ δε̆ γαν ῠ̆δᾱτᾰ τ ωκε̆ᾱνον ηφᾰνῐ̄σε̆ νυξ. Todos os três trechos são atribuídos a Simônides (frag. 26b).

131. Paródia a Hesíodo.

132. Todos estes excertos são de Isócrates.

133. "ἀγρὸν γὰρ ἔλαβεν ἀργὸν παρ' αὐτοῦ."

134. "δωρητοί τ' ἐπέλοντο παράρρητοί τ' ἐπέεσσιν."

135. "ᾠήθησαν αὐτὸν παιδίον τετοκέναι, ἀλλ' αὐτοῦ αἴτιον γεγονέναι."

136. "ἐν πλείσταις δὲ φροντίσι καὶ ἐν ἐλαχίσταις ἐλπίσιν."

137. "ἄξιος δὲ σταθῆναι χαλκοῦς, οὐκ ἄξιος ὢν χαλκοῦ".

138. "σὺ δ' αὐτὸν καὶ ζῶντα ἔλεγες κακῶς καὶ νῦν γράφεις κακῶς."

139. "τί ἂν ἔπαθες δεινόν, εἰ ἄνδρ' εἶδες ἀργόν."

140. "τόκα μὲν ἐν τήνων ἐγὼν ἦν, τόκα δὲ παρὰ τήνοις ἐγών."

141. *Poética*, a metáfora e seus quatro tipos são assim definidas: de gênero para espécie, de espécie para gênero, de espécie para espécie, ou por analogia.

142. Isso pode se referir a um decreto de Milcíades; executado tão rapidamente, que tal circunstância se tornou proverbial.

143. O Páralo e a Salamina eram as duas naus sagradas que transportavam os prisioneiros do Estado.

144. O lenho de cinco orifícios era um instrumento de tortura que deixava os suplicantes completamente imobilizados.

145. Há um tom irônico nessa comparação em contraste com as refeições públicas espartanas, em que todos os cidadãos jantavam juntos. Os atenienses as consideravam verdadeiras bagunças e eram como as tavernas de Atenas, segundo Diógenes.

146. Refere-se ao julgamento de Cábrias pela rendição de Oropo. A estátua de Cábrias, erguida após uma de suas vitórias, representava-o ajoelhado no chão, posição que ordenou aos seus soldados que assumissem enquanto aguardavam o inimigo; porém, essa imagem apresentava uma figura ambígua, pois podia ser vista como a de um suplicante. A estátua estava na ágora e podia ser vista do tribunal. Licoleonte aponta para ela e baseia seu apelo em sua atitude suplicante.

147. Este discurso é um apelo a Filipe para liderar os gregos contra a Pérsia. Assim como um animal sagrado pode vagar por onde quiser dentro dos arredores de seu templo, Filipe pode reivindicar toda a Grécia como sua pátria.

148. *Odisseia*, canto XI, v. 598.

149. *Ilíada*, canto XIII, v. 587.

150. *Ilíada*, canto IV, v. 126.

151. *Ilíada*, canto XI, v. 574.

152. *Ilíada*, canto XV, v. 541.

153. *Ilíada*, canto XIII, v. 799.

154. O jogo de palavras, aqui, acontece entre as frases "θράξει σε" (*thráksei se*) e "θρᾷξ εἶ σύ" (*thráks eî sý*).

155. O jogo de palavras, aqui, acontece entre os termos "πέρσαι" (*pérsai – destruir*) e "Πέρσαι" (*Pérsai – persas*).

156. Anaxândrides, frag. 64.

157. A Ilha de Cárpatos foi devastada por lebres.

158. *Ilíada*, canto IX, v. 385.

159. Tal passagem deve ser vista como uma observação entre parênteses, pois é possivelmente uma interpolação posterior.

160. Expressão popular. Seu significado se dá, provavelmente, pelo fato de ser monótono e cansativo carregar traves (vigas de madeira) nos ombros; assim, presenciar uma repetição sem atuação. Outra possível teoria seria de que o orador repetitivo torna o discurso rígido como uma trave.

161. *Ilíada*, canto II, v. 671.

162. Neste prelúdio, a nota final do canto deveria ser idêntica à nota inicial do próximo canto. Era essa nota que dava o tom do ditirambo e servia como ligação entre o prelúdio instrumental e o canto.

163. O tema da passagem foi o elogio de Helena, mas Isócrates aproveitou a oportunidade para atacar os sofistas. Isso exemplifica sua habilidade na introdução de assuntos não estritamente próprios ou em comum com o assunto principal.

164. *Ilíada*, canto I, v. 01.

165. *Odisseia*, canto I, v. 01.

166. *Édipo Rei*, v. 774.

167. *Fedro*, 264c.

168. *Crátilo*, 384d. Expressão referente a Crátilo, que pedia cinquenta dracmas aos ouvintes para explicar-lhes totalmente a natureza dos nomes.

169. *Antígona*, v. 223.

170. *Ifigênia em Táuris*, v. 1.162.

171. Livro II, cap. 1, par. 7 e 8.

172. *Odisseia*, canto VII, v. 327.

173. *Ménon*, 235d.

174. Quando um cidadão era chamado para realizar um serviço público (ex., o equipamento de um coro), se ele pensasse que alguém mais rico do que ele havia sido desprezado, poderia convocá-lo e obrigá-lo a trocar fortunas e propriedades.

175. *Hipólito*, v. 612.

176. *Ilíada*, cap X, v. 242.

177. *Odisseia*, canto XXIII, v. 264-284. Odisseia, canto XXIII, v. 310-343.

178. *Antígona*, v. 911-912.

179. *Odisseia*, canto XIV, v. 361.

180. *Antígona*, v. 683-723.

181. *Odisseia*, canto IV, v. 204.

182. 110-114.

183. Aristóteles refere-se à obra *De pace*.

184. *As troianas*, v. 969-971.

185. Arquíloco, frag. 74.

186. Arquíloco, frag. 25.

187. *Antígona*, v. 683-709.

188. Livro I, cap. 9.

189. Livro II, cap. 19.

190. Livro II, cap. 1-11.

Vozes de Bolso

- *Assim falava Zaratustra* – Friedrich Nietzsche
- *O Príncipe* – Nicolau Maquiavel
- *Confissões* – Santo Agostinho
- *Brasil: nunca mais* – Mitra Arquidiocesana de São Paulo
- *A arte da guerra* – Sun Tzu
- *O conceito de angústia* – Søren Aabye Kierkegaard
- *Manifesto do Partido Comunista* – Friedrich Engels e Karl Marx
- *Imitação de Cristo* – Tomás de Kempis
- *O homem à procura de si mesmo* – Rollo May
- *O existencialismo é um humanismo* – Jean-Paul Sartre
- *Além do bem e do mal* – Friedrich Nietzsche
- *O abolicionismo* – Joaquim Nabuco
- *Filoteia* – São Francisco de Sales
- *Jesus Cristo Libertador* – Leonardo Boff
- *A Cidade de Deus – Parte I* – Santo Agostinho
- *A Cidade de Deus – Parte II* – Santo Agostinho
- *O conceito de ironia constantemente referido a Sócrates* – Søren Aabye Kierkegaard
- *Tratado sobre a clemência* – Sêneca
- *O ente e a essência* – Santo Tomás de Aquino
- *Sobre a potencialidade da alma* – De quantitate animae – Santo Agostinho
- *Sobre a vida feliz* – Santo Agostinho
- *Contra os acadêmicos* – Santo Agostinho
- *A Cidade do Sol* – Tommaso Campanella
- *Crepúsculo dos ídolos ou Como se filosofa com o martelo* – Friedrich Nietzsche
- *A essência da filosofia* – Wilhelm Dilthey
- *Elogio da loucura* – Erasmo de Roterdã
- *Utopia* – Thomas Morus
- *Do contrato social* – Jean-Jacques Rousseau
- *Discurso sobre a economia política* – Jean-Jacques Rousseau
- *Vontade de potência* – Friedrich Nietzsche
- *A genealogia da moral* – Friedrich Nietzsche
- *O banquete* – Platão
- *Os pensadores originários* – Anaximandro, Parmênides, Heráclito
- *A arte de ter razão* – Arthur Schopenhauer
- *Discurso sobre o método* – René Descartes
- *Que é isto – A filosofia?* – Martin Heidegger
- *Identidade e diferença* – Martin Heidegger
- *Sobre a mentira* – Santo Agostinho
- *Da arte da guerra* – Nicolau Maquiavel
- *Os direitos do homem* – Thomas Paine
- *Sobre a liberdade* – John Stuart Mill

- *Defensor menor* – Marsílio de Pádua
- *Tratado sobre o regime e o governo da cidade de Florença* – J. Savonarola
- *Primeiros princípios metafísicos da Doutrina do Direito* – Immanuel Kant
- *Carta sobre a tolerância* – John Locke
- *A desobediência civil* – Henry David Thoureau
- *A ideologia alemã* – Karl Marx e Friedrich Engels
- *O conspirador* – Nicolau Maquiavel
- *Discurso de metafísica* – Gottfried Wilhelm Leibniz
- *Segundo tratado sobre o governo civil e outros escritos* – John Locke
- *Miséria da filosofia* – Karl Marx
- *Escritos seletos* – Martinho Lutero
- *Escritos seletos* – João Calvino
- *Que é a literatura?* – Jean-Paul Sartre
- *Dos delitos e das penas* – Cesare Beccaria
- *O anticristo* – Friedrich Nietzsche
- *À paz perpétua* – Immanuel Kant
- *A ética protestante e o espírito do capitalismo* – Max Weber
- *Apologia de Sócrates* – Platão
- *Da república* – Cícero
- *O socialismo humanista* – Che Guevara
- *Da alma* – Aristóteles
- *Heróis e maravilhas* – Jacques Le Goff
- *Breve tratado sobre Deus, o ser humano e sua felicidade* – Baruch de Espinosa
- *Sobre a brevidade da vida & Sobre o ócio* – Sêneca
- *A sujeição das mulheres* – John Stuart Mill
- *Viagem ao Brasil* – Hans Staden
- *Sobre a prudência* – Santo Tomás de Aquino
- *Discurso sobre a origem e os fundamentos da desigualdade entre os homens* – Jean-Jacques Rousseau
- *Cândido, ou o otimismo* – Voltaire
- *Fédon* – Platão
- *Sobre como lidar consigo mesmo* – Arthur Schopenhauer
- *O discurso da servidão ou O contra um* – Étienne de La Boétie
- *Retórica* – Aristóteles
- *Manuscritos econômico-filosóficos* – Karl Marx
- *Sobre a tranquilidade da alma* – Sêneca
- *Uma investigação sobre o entendimento humano* – David Hume

Leia também!

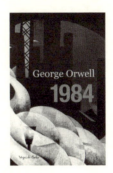

Conecte-se conosco:

f facebook.com/editoravozes

⌾ @editoravozes

🐦 @editora_vozes

▶ youtube.com/editoravozes

🟢 +55 24 99267-9864

www.vozes.com.br

Conheça nossas lojas:

www.livrariavozes.com.br

Belo Horizonte – Brasília – Campinas – Cuiabá – Curitiba
Fortaleza – Juiz de Fora – Petrópolis – Recife – São Paulo

EDITORA VOZES LTDA.
Rua Frei Luís, 100 – Centro – Cep 25689-900 – Petrópolis, RJ
Tel.: (24) 2233-9000 – E-mail: vendas@vozes.com.br